❀
오늘 하루를
사랑과 이해의 향기로
가득 채우리라

잠깐의 휴식 동안
이 책과 함께 하면 당신에게
그 무엇보다
소중한 선물이 될 것입니다.

_____

하루를 살더라도
내 인생을 살아라

Finding the Joy in Today

Finding the joy in Today
Practical Readings for Living with Chronic Illness
Copyright © 1999 by Sefra Kobrin Pitzele.
Pubished under arrangement with
Hazelden Published and Educational Service, Center City, MN, USA
All rights reserved.
Korean translation rights arranged with Health Communications, Inc. USA
and Dong-Hae Publishing ,Seoul through PLS Agency, Seoul
Korean translation edition © 2011 by Dong-Hae Publishing, Korea.

이 책의 한국어판 저작권은 PLS Agency를 통한
저자와의 독점 계약으로 동해출판에 있습니다.
신저작권법에 의하여 한국내에서 보호를 받는 저작물이므로
무단전재와 무단복제를 금합니다.

하루를 살더라도
내 인생을 살아라

Finding the Joy in Today

세프라 코브린 피첼 지음

동해출판

일러두기

역사 속 유명한 인물들의 명언을 사람들이 느끼는 감정과 그에 따른 마음의 자세별로 나누고 내용을 다양하고 풍부하게 하여 365일로 엮었다. 날마다 의미가 다르고 느낌이 다르듯, 하루하루 페이지를 넘길 때마다 색다르며 일상의 싱그러움이 묻어날 수 있도록 했다. 또한 단락 끝에는 일인칭인 '나'로 시점을 바꾸어 삶의 의지를 불러일으키도록 짜임새 있게 구성하였다. 매일매일, 그날이 그날 같고 반복되는 일상에 지루함을 느끼시는 분들께 좋은 처방전이 될 수 있으리라 믿는다.

이 책을
읽는
독자들에게

　당신이 일상에서 성장과 기쁨을 찾는다면, 긍정적인 생활의 활력을 얻게 될 것이다. 개인적으로 새 목표(도달이 가능한)를 세울 때, 당신 자신을 믿고 내면에 있는 힘을 발견할 수 있기를 기원한다. 내면은 자신의 영혼이 연출하는 하나의 드라마와 같다. 이 책과 함께하는 365일, 성장과 기쁨으로 향하는 마법 같은 세계가 당신을 기다린다. 당신은 그 문을 열기만 하면 된다. 삶을 들여다보고, 스스로에게 더 다정다감해지는 법을 배워야 한다. 인간을 이해하고 인간을 좀 더 깊이 들여다 볼 줄 알아야 한다. 날마다 오늘을 깨우자! 오늘은 미지의 흰 새이며, 멋진 동행자이다.

1월
JANUARY

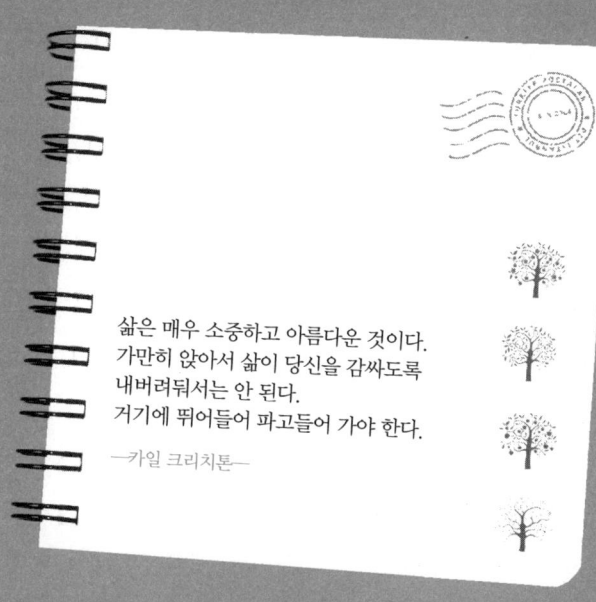

삶은 매우 소중하고 아름다운 것이다.
가만히 앉아서 삶이 당신을 감싸도록
내버려둬서는 안 된다.
거기에 뛰어들어 파고들어 가야 한다.
―카일 크리치톤―

0101
시작이 반이다
— 플라톤 (Platon) —

잠자리에 들 무렵, 반복되는 취침시간이 또 하루가 끝났음을 뜻한다는 것을 깨닫고, 문득 조금 슬퍼질 때가 있다. 삶의 한 조각이 영원히 사라져버렸다는 약간의 상실감을 느끼게 되기 때문인지도 모른다. 하지만 내일 아침이면 어김없이 햇살이 찾아오리라는 것을 깨닫고 우리는 이 회한을 되돌릴 수 있다. 오늘의 실수를 지워버릴 수는 없지만, 오늘을 넘기면서 그것들을 떠나보낼 수는 있다. 내일을 목표로 할 수 있는 것이다. 우리는 깨어 있는 동안 그 실수에 대해 벌충을 하고, 변화를 모색하고, 시간을 잘 활용하여, 여생을 새로이 시작할 수 있는 황금의 기회를 잡을 수 있다. 작은 것에 감동하고, 가슴에서 항상 감동이 숨 쉬며 살게 할 수 있다. 하루를 더 살더라도 숨 막힐 정도의 감동이 있다면 그것이 바로 행복한 삶일 것이다.

삶은 수많은 시작으로 이루어졌다. 나는 새롭게 시작할 수 있다.

0102
우리 몫의 밤을 견디면, 우리 몫의 아침이 온다

— 에밀리 디킨슨 (Emily Dickinson) —

우리는 하루만 더 있었으면 하고 기원한다. 그리고 일주일만 더, 다음 기한까지만, 혹은 중요한 일이 일어날 때까지만…… 하고 기도한다.

"내년 봄까지만……, 손자 녀석이 태어날 때까지만……, 다음 생일까지만……." 시간을 더 달라고 기원하는 건 인간의 본성이다. 우리들은 대개 지상에서 맡은 우리의 역할을 다 끝내지 못했다고 느끼는 것이다.

하지만 시간은 결국 적이라기보다는 친구가 되어간다. 우리에겐 오늘이 있다. 그것은 만인에게(건강하건, 오래도록 앓고 있건 간에) 똑같이 주어진 것이다. 아무도 일주일, 한 달, 일 년이라는 강철 같은 약속을 받을 수 없다. 삶의 예측불가능성을 받아들일 때 우리는 시간이 더 필요하다는 강박관념에서 벗어날 수 있으며, 바로 이 시간 - 오늘을 즐겁게 보낼 수 있는 것이다.

> 삶은 지금(오늘)이므로, 기꺼운 마음으로 살아서 오늘을 소중하게 보내자.
> 오늘이여, 사랑과 이해의 향기로 가득 채우리라.

0103
남들이 웃기 전에 먼저 웃어야 한다
— 엘사 맥스웰 (Elsa Maxwell) —

유머감각은 삶에 필수적인 도구이다. 그러나 불행하게도 스트레스를 받으면 유머감각을 유지하기가 너무도 어렵다. 하지만 그때가 바로 유머감각이 제일 필요할 때이다. 위기에 직면하면, 어깨가 처지고 심술이 나기 쉽다. 우리 마음속 깊은 곳에서 그런 자세는 전혀 도움이 되지 않는다는 것을 알고 있으면서도 말이다.

우리 자신에 대해 진지함을 조금 덜어낼 때 쓰라림과 수용 사이의 선택이 훨씬 편해진다. 삶의 즐거운 면을 보면, 어쩔 수 없이 만나게 되는 가장 혹독한 상황도 헤쳐나갈 수 있다. 유머는 시원한 웃음으로 우리를 씻어준다. 유머는 우리를 타인에게로 이끌어주고 우리를 하나로 묶어주는 힘이다.

> 나는 삶 속에서 유머와 밝은 면만 보기로 마음먹었다. 웃음이 가져다줄 삶의 활력과 치유력, 행복감…… 그리고 나를 둘러싼 타인들의 삶도 꽃처럼 환해질 것이다.

0104
시간은 수선 전문인 재단사이다
— 패스 볼드윈 (Faith Baldwin) —

삶은 각 단계마다 독특한 선물이 있다. 어떤 나이라도 우리가 지금 있는 곳이 어디인지 시험할 기회는 있다. 젊었을 때 우리는, 세상을 바꿀 수 있다고 자신했다. 사람도 바꿀 수 있다고 생각했다.

시간은 혼자 힘으로 우리의 예상을 변화시킨다. 우리가 보낸 시간은 벌써 변화를 창조했다. 앞으로 보낼 시간들도 더 많은 것들을 만들어낸다. 오늘 우리가 일구어내는 변화로 인해 현재의 이 단계를 제일 좋은 때로 받아들일 수 있는 것이다.

> 미래를 무시하는 자는 미래를 잃어버릴 위험이 있다고 어느 철학자가 말했다. 그렇더라도 나 자신을 변화시켜, 현재의 요구에 맞게 재단할 시간은 바로 지금뿐이다.

0105
우리는 생각한 만큼 운이 좋지도, 그렇다고 불행하지도 않다
— 라 루슈푸콜 (La Rouchefoucauld) —

고통, 그중에서도 지속되는 통증은 진을 빠지게 만드는 것이어서, 오래된 병마와 관련하여 가장 심각한 문제가 되기도 한다. 처음에 우리는 분노라든가 하소연으로 통증에 반응했을지도 모른다. 그러면서 자신을 희생자나 순교자처럼 생각하는 착각에 빠지거나 그런 자기 이미지로 인해 무력감에 빠지기도 한다.

이제 우리는, 고통은 우리에게 떠안겨진 저주가 아니라, 정상적인 신체 기능이라고 쉽게 이해해야 한다. 다만, 통증은 신호이며 경고일 수 있다. 그렇더라도 이제는, 개인적인 힘과 내적인 강인함으로 질병을 훨씬 수월하게 다스릴 수 있을 것이다. 이완요법이라든가 바이오피드백, 자기 최면과 같은 방법들은 서로 다른 차원에서 통증을 제거하는 데 도움이 된다. 적당한 운동 역시 탁월한 통증 제어방법이다.

 나는 자신의 문제를 새로운 측면에서 생각하고, 희망이란 특효약으로 통증을 다스릴 수 있다고 믿는다.

0106
배움이 적은 것은 위험한 것이다

— 알렉산더 포프 (Alexander Pope) —

우리는 어릴 때부터 교육은 인생에서 성공과 행복을 얻을 수 있는 열쇠라는 말을 들었다. 학교를 다니고 삶을 지속하면서 지식을 쌓아가고, 학습의 고원에 이를 때마다 우리의 자신감은 더 강해진다. 하지만 위기가 닥치면 그런 자신감도 한풀 꺾일 것이다. 알코올이나 약물 남용, 만성적인 질병과 같이 가족이나 동료들에게 흔히 생기는 문제를 보면서 그 실제는 우리가 알고 있는 게 얼마나 하찮은 것인지 뼈저리게 깨닫는다.

우리의 반응은 제각각이다. 어떤 이들은 부정과 불행의 노도 속으로 빠져드는가 하면, 어떤 이들은 두려움과 불안으로 몸이 얼어붙는다.

지식이 많은 사람들에게 도움을 청할 수도 있다. 우리에게 양질의 도움을 줄 수 있는 기관들도 있다. 우리는 진실을 배우기 원하고 또 그럴 필요가 있다.

> 정답을 모두 알 필요는 없다. 모든 정답을 찾으려 할 필요도 없다. 그냥 제대로 묻기만 하면 된다.

0107
인간의 지혜는 기다림과 희망으로 집약된다

— 알렉산더 뒤마 (Alexander Dumas) —

어렸을 때, 우리의 기다림과 희망이라는 것은 단기적이었다. 우리는 생일이나 소풍, 축제날을 기다렸다. 우리가 카펫을 망쳐놓은 것을 부모님이 눈치 채지 않으시길 바랐다.

일단 고질적인 건강문제가 현실적으로 눈앞에 닥쳐오면, 우리는 기다림과 소망의 노예가 된다. 새로운 치료제가 도움이 될까 하는 기다림, 차도가 있거나 완치되기를 바라는 소망…….

그것을 조정하기 위해서는 우리 스스로 찾아야 한다. 나 자신과 나의 능력에 대한 굳건한 믿음이 있다면, 내적인 평화의 의미를 발견할 수 있을 것이다.

> 새뮤얼 존스는 말했다. 희망은 절대 당신을 버리지 않는다고, 다만 당신이 희망을 버릴 뿐이다. 희망은 나를 새롭게 하며, 최선의 자세로 하루를 맞을 수 있게 한다.

0108
인생의 목적을 성취하는 방법을 깨닫는 것이 바로 지혜이다

— 톨스토이 (Tolstoi) —

성공에 대한 정의는 삶의 단계를 거칠 때마다 바뀐다. 큰 호수가 딸린 집과 많은 연봉을 꿈꾼 적도 있고, 소박한 집과 그에 걸맞은 연봉에 만족한 적도 있을 것이다. 우리의 목표를 재평가할 때, 우리만의 방식대로 성공을 거두었다는 사실을 깨닫게 된다.

우리에게 성공은 친구가 많다는 것을 의미하는지도 모른다. 혹은 우리 자식들이 훌륭한 시민으로 자라준 것인지도 모르겠다. 우리 자신(강인함과 유약함이 뭉뚱그려진 것)을 받아들일 수 있기 때문에 커다란 성취감을 느낄 수도 있다. 일생을 걸쳐 우리는, 자신만의 목표를 세우고 수정한다. 그리고 우리의 성공은 특별한 공적이나 현금다발이 아니라, 우리가 목표를 잘 세우고 얼마나 성실했는지에 의해 판가름난다.

> 사람들이 성공을 꿈꾸는 이유는 뭘까? 바로 행복하기 위해서이다. 행복하려고 무언가를 해야 한다면 과도한 욕심을 버리고, 나의 가치, 목표를 다시 살펴봄으로써 성공이 들어설 수 있도록 하자.

0109
어린이는 신이 인간에게 절망하지 않고 있다는 것을 보여주기 위해 이땅에 보낸 사신이다

— 타고르 (Tagore) —

갓 태어난 아기를 어른들 품에 안겨줘 보라. 어른들은 그 작은 새 생명에게 정신이 쏙 빠질 것이다.

우리들은 모두 탄생의 기적과 그렇게 작은 몸이 간직하고 있는 아름다움에 벅찬 감동을 느낀다. 아기를 안으면 영원함, 믿기지 않는 희열감을 맛본다. 우리는 아기에게서, 삶의 투영과 풍성한 삶의 가능성을 본다.

아주 오래전, 우리가 아기여서 어른들의 품에 안겨 있을 때, 그들은 삶의 덧없음과 경이로움을 놓고 찬사를 보냈다. 이제 우리는 모두 똑같은 시작을 가졌다는 것을 안다.

우리 모두의 앞에 시간이 있는 것이다. 아직도 시간은 있다. 여전히 가능성으로 가득 찬 시간이…….

> 살아 있다는 것은 그것 자체로 가치 있는 일이다. 누구의 가치가 더 뛰어난지는 평가할 수 있는 게 아니다. 나는 그저 내 앞에 놓인 모든 것들에게 찬사를 보내련다.

0110
나 자신을 사랑하면, 정체성의 힘을 얻는다
— 데이빗 G. 존스 (David G. Jones) —

일생을 통해서, 우리는 자신보다 다른 사람들을 사랑하고 배려해 왔을 것이다. 어떤 사람은 자기애란 곧 이기적인 것을 의미한다고 느끼며 자랐을 것이고, 어떤 사람들은 자신에게서 사랑할 만한 것을 발견하는 데 어려움을 겪기도 했을 것이다.

자신을 사랑하는 법을 배우기란 쉽지 않다. 우리의 삶이 소망하는 대로 나아가지 않을 때는 더 어렵다. 게다가 한 차원 높은 개인적 성장을 기대했던 사람들은 우리가 이루어낸 진보에 대해 자부심을 느낄 수도 없다.

하지만 이제, 우리는 자기애를 자기 수용의 의미로 받아들여야 한다. 이를테면 아무 대가 없이 타인에게 나누어 주었던 것들(사랑과 배려, 제2의 기회 같은 것)을 우리 자신에게 주기만 하면 된다.

> 어느 시인은 말했다. 우리는 행복해지기 위해 세상에 왔다고.
> 그리고 나는 말한다. 나는 쓸모 있는 사람이므로, 행복할 의무가 있다고.

0111
늘 여러분이 할 수 있다고 생각하는 것보다 못한 일을 해야 한다

— 버나드 배루치 (Bernard Baruch) —

채 깨닫기도 전에, 우리는 모두 서로 다른 수준의 지식을 개발해 왔다. 하지만 자신의 신체 능력에 대한 지식이라는 것이 얼마나 하잘 것 없는 것인지 깨닫는다. 겉으로 보이는 것과 상관없이, 우리 자신을 알아보는 진정한 척도는 지쳐 쓰러지기 전에, 고통 속에 빠지기(사고를 당하기) 전에 활동을 멈추는 것이다.

중요한 것은 우리의 몸이 지금 어떻게 움직이는가 하는 것이며, 목표와 소망을 건설하는 법을 배우는 것이다.

 이제야, 내 몸이 보내는 경고를 알아보고 조심하는 법을 배우고 있다.

0112
자존심을 초월하는 것은 근사한 일이지만 그러기 위해서는 자존심을 가져야 한다

— 조르주 베르나노 (George Bernanos) —

 우리는 이룬 업적에 대해 자부심을 느낄 권리가 있다. 자존심은 삶이라는 처방전에 꼭 필요한 약제이며, 내적인 안락감, 어려운 상황에서도 최선을 다했다는 생각에서 생긴다.

 예기치 못한 일로 하루의 계획이 헝클어질 때, 우리는 자존심을 지키기 위해 고군분투할 것이다. 전에는 철저하게 혼자서 해결할 수도 잇겠지만 지금은 타인에게 의지해야 하는 경우도 있다. 전에는 고통을 겪지 않았지만, 지금은 고통에 짓눌릴 수도 있다. 이러한 새로운 문제들에 대한 해결책을 발견하고 그것들을 문제없이 조정할 필요가 있다는 것을, 우리는 차차 알게 된다. 해결책과 조정이 어려울 수도 있지만, 우리는 그것을 우리 삶 속에 녹이고 있다. 우리에게는 자존심을 가질 권리가 있는 것이다.

> 자존심은 잠재능력을 십분 발현시키는 원동력이다. 또한 새로운 문제를 조정하기에 자존심은 나의 것이다.

0113
각자의 일생은 전쟁이다
장기간에 걸친 다사다난한 전쟁이다

— 에픽테토스 (Epiktetos) —

    우리가 아플 때, 우리의 가족과 친구들은 우리를 지켜주기 위해 눈물겨운 노력을 할 때가 있다. 그들은 농담을 던지거나 함께 나누었던 즐거운 기억들을 들춰내 우리를 웃게 만들기도 한다. 이 사람들의 넘치는 도움으로 우리는 몇 단계 혹은 불편함을 덜 수 있을지도 모른다.

    돕고자 하는 그들의 의욕을 우리는 이해한다. 우리는 모두 어린아이와 같은 마음으로 사랑하는 이들을 위로하고 보호하기를 원하기 때문이다. 우리는 함께 웃고, 도움을 받음으로써 그들을 위로하고 보호할 수 있는 것이며, 이것이 바로 사랑의 표현방식이다.

> 나는 오늘, 나에 대한 타인의 사랑 표현을 받아들일 것이다. 왜냐하면, 상대의 호의를 받아주는 것도 사랑의 표현 중에 하나임을 알기 때문이다.

0114
좋지 않은 건강은 패배이다. 건강만이 승리이다. 할 수만 있다면, 건강을 유지하기 위해 노력해야 한다

— 토마스 칼라일 (Thomas Carlyle) —

언뜻 들으면, 이 메시지가 만성적인 질병에 시달리는 사람들을 당혹하게 만들 수도 있다. 삶의 고통이 동시에 삶의 의미가 될 수도 있을까? 우리는 그럴 수 있다는 것을 안다. 질병은 인생을 깨닫게 하는 훌륭한 교사라는 말도 있듯이, 지속되는 병고에 시달리더라도, 최선의 건강을 유지할 수 있는 새로운 희망의 틀을 짤 수 있기 때문이다. 우리는 절체절명의 순간에도 바닥으로 곤두박질치기보다, 정반대의 선택을 할 수 있는 것이다. 건강문제도 삶의 한 단면에 불과하다고 치부해 버리면, 삶의 균형이 이루어진다. 결단을 내리는 순간, 투사가 되기로 마음먹는 순간, 우리는 다시 한 번 행복을 향해 달음질칠 수 있다.

> 정서적으로나 육체적으로 강인한 자세를 유지하려는 건설적인 선택을 통해서, 균형 잡힌 건강의 길에 들어설 것이다.

0115

<u>인생이라는 연극에서
무대의상은
공연이 진행됨에 따라
성실하고 정직한 사람도 결국은
자기의 의지와는 다른 배우로 만든다</u>

— 장 폴 (Jean Paul) —

    외식을 하거나 영화를 관람하기 위해 외출하는 것은 누구나 좋아한다. 하지만 우리 중에 건강이 좋지 않은 이들은 집에 틀어박혀 있기를 고집한다. 이유는 많지만, 그중에서도 중요한 이유는 남다르게 보이거나 눈에 띄기를 원치 않기 때문이다. 그러나 타인의 시선에서 몸을 숨기는 것은 우리 자신에게서도 몸을 숨기는 것과 같다.

    자신을 사선으로 내몰고 싶지는 않겠지만, 다시 한 번 '공개적'인 모습이 되어야 한다면 그래야 한다. 그것은 지팡이나 부목을 사용한다는 의미일 수도 있고 생활에 훌륭하게 적용될 수 있는 도움들을 활용한다는 의미이기도 하다. 어려운 결정이겠지만, 외롭게 집안에 남아 있는 것만큼 힘들지는 않을 것이다.

집이라는 안전한 울타리를 벗어나는 일은 엄청난 내면의 강인함을 요구한다. 나의 내면에는 항상 그와 같은 강인함이 있으므로, 힘겨운 시간을 버텨낼 수 있다.

0116
미래는 희뿌연 거울이다. 그것을 들여다보는 사람에게는 늙어 근심에 가득 찬 얼굴이 희미한 윤곽으로 비칠 뿐이다

— 짐 비숍 (Jim Bishop) —

어릴 때 우리의 거울에 비친 것은 우리의 외모뿐이었다. 좀 더 나이가 들면서, 내면의 모습도 거울에 비친다는 것을 알게 되었다. 우리의 표정에는 기쁨과 근심이 새겨져 있다. 우리의 눈 속에서 분노와 사랑이 살기도 한다. 우리가 용서하기를 거부한다면, 우리에게서 쓰라림이 배어나올 것이다. 또 혼자 남기를 고집한다면, 외로움이라는 친구를 옆에 두는 것과 다르지 않을 것이다.

하지만 우리의 선택이 솔직함과 유머, 이해심이라면, 모든 이들에게 그 빛을 발할 것이다.

의식하지는 못하지만, 우리는 매일, 온화하고 기쁨에 가득 찬 얼굴, 혹은 늙어 근심에 가득 찬 얼굴이 되는 데 일조하는 행동과 생각을 선택하고 있다. 선택은 항상 우리 몫이다.

> 오늘, 나는 나를 행복하게 하고 모든 것을 상대방의 입장에서 생각할 것이며, '감사'라는 가장 아름다운 교향곡을 들을 것이다.

0117

누구나 한두 번쯤은
더할 나위 없이 좋았던
옛날로 돌아가서
다른 종류의 인생을 살아봤으면
어떨까 하는 생각을 해본다

— 할 보일 (Hal Boyle) —

좀 더 완벽하고 여유로운 생활로 돌아갈 수 있다면 우리의 삶은 어떻게 되었을까? 인생에서 정말 좋았던 '옛날'에 관해 몽상에 잠길 때, 우리의 건강과 삶의 환경이 약간의 변화를 일으키기는 했어도, 바로 그 순간, 우리는 미소를 지으며 돌아볼 추억을 만들고 있다는 것을 깨닫지는 못한다.

우리는 우리만의 좋은 시간, 우리만의 좋은 추억을 끊임없이 만들고 있다.

결코 되돌아갈 수는 없다. 하지만 앞으로 계속해서 나아가고 발전할 수는 있다.

> 미래의 추억을 만드는 건 나한테 달려 있다는 것을 알았다. 내가 삶 속에 집어넣고 싶어 하는 만큼만 삶에서 끌어낼 수 있다.

0118

삶은 우리에게 아침과 낮에는 양쪽 뺨에 키스를 하지만 해질 녘과 저녁에는 우리들의 행동을 비웃는다

— 칼릴 지브란 (Khalil Gibran) —

인생은 항상 태평세월이 아니다. 고통이나 불안에 시달릴 때는 특히 주류에서 비켜서려는 경향이 있다. 새로운 문제에 직면하면 어떻게 행동해야 할지 확신이 서지 않는 것이다. 나이에 대한 기대가 뭔지 몰라 마음이 어지러워진다. 뭘 해야 할지 모를 때는, 삶이 잠시 우리를 감싸도록 내버려두는 데서 위안을 얻을지도 모른다.

하지만 삶의 교훈이 아무리 혹독해도, 다시 삶에 뛰어들어야 한다는 것을 안다. 우리에게 필요한 것을 모두 제공해줄 사람은 아무도 없다

> 내 삶을 어떻게 지속시킬 것인지 혼란스러웠다. 이제 나는 다시 뛰어들어 전진해야 한다는 것을 알았다.

0119
지혜는 모를 때 얻어지는 것이다
— 폴 엥글 (Paul Engle) —

전에는 지혜를 생각할 때마다, 존경받는 현자나 사랑하는 조부모님을 떠올렸을 것이다. 아니면 형식적인 학교 교육이나 대학 학점을 생각했을 수도 있다.

부모님에게서 얻은 지혜를 기억한다. 그것과 비슷한 생각을 우리 아이들에게 전해준 것도 기억한다. 우리 중에 "모르겠어요."라고 맨 처음 대답 했던 적이 언제였는지 제대로 기억하는 사람이 얼마나 있을까? 문득 우리가 절대로 발전시킬 수 없는 기술이 있다는 생각이 들었던 순간은 어떨까?

자신의 능력을 최대한 넓히고 자신을 있는 모습 그대로 받아들일 때 이해심은 생긴다.

그때야 비로소 우리는 현명해지는 것이다.

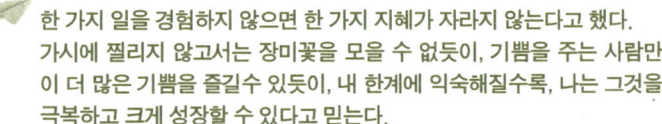
한 가지 일을 경험하지 않으면 한 가지 지혜가 자라지 않는다고 했다. 가시에 찔리지 않고서는 장미꽃을 모을 수 없듯이, 기쁨을 주는 사람만이 더 많은 기쁨을 즐길수 있듯이, 내 한계에 익숙해질수록, 나는 그것을 극복하고 크게 성장할 수 있다고 믿는다.

0120
인생은 한 명의 관객을 위해 공연되는 내면의 드라마이다

— 앤서니 파웰 (Anthony Powell) —

우리 인생은 드라마로 가득하다. 관계된 사람들에게 전달할 수 있는 드라마가 있는가 하면, 어떤 것은 혼자서만 간직해야 하는 것도 있다.

건강의 변화는 새 드라마 수백 편을 만들어낼 수 있다. 처음에는 물어보는 사람에게 일일이 우리의 경험을 말하는 우를 범하는 사람들이 많다. 우리는 너무 자주, 오래, 많이 말했다.

우리는 누가, 언제, 얼마나 말하는가에 관한 친절한 교훈에서 배운다. 바로 취사선택이라는 것이다. 우리의 드라마, 사소한 성공이나 실패에 진정으로 늘 함께 하고자 하는 사람은 아무도 없다는 것을 안다. 우리는 자신의 생각을 털어놓지 않고, 스스로 칭찬할 수 있다.

> 내 인생의 드라마를 함께 나누고 싶을때 그리고 나누고 싶지 않을 때가 언제인지 선택할 수 있다. 또한 나는 내 마음의 주인, 내 인생의 주인공이 될 수 있다.

0121
과거와의 역사적 연속성은 의무가 아니라 필수이다
― 올리버 웬델 홈즈 (Oliver Wendell Holmes) ―

개인사를 보면 인생의 궤적이 나타난다. 살아가고, 사랑하고 일했던 것은 수천 가지 길을 만든다. 이것이 삶에 끼치는 영향은 우리가 사랑한 사람들에게나 우리 자신에게도 하나의 역사이자 유산이다. 사랑하는 사람들을 위해 어떤 추억을 만들었는가? 가보로 소중하게 다뤄지는 물건, 가족농장 아니면 직업, 하지만 그것 말고 뭐가 있는가?

유산이나 직업보다 더욱 중요한 건 애정 어린 추억과 개인의 내력이다. 기록된 역사는 글이나 USB에 담을 수 있다. 그림도 마찬가지로, 낡은 사진들 역시 후대를 위해 분류해 놓을 수 있다. 그러나 죽을 때 우리가 남길 것은 무엇일까? 커뮤니케이션, 전통, 그리고 조건 없이 사랑하는 능력이다.

> 내가 느끼고 사색하는 중요한 이 순간은 지금까지의 내 여정을 기록하고 연속성의 감각을 다지는 소중한 시간이다. 그리고 조건 없는 사랑은 아이들에게 남겨줄 최대의 유산이 될 것이다.

0122
행복하게 사는 것은 내적인 영혼의 힘이다
— 마르쿠스 아우렐리우스 (Marcus Aurelius) —

우리는 육체적, 정신적 행복을 위해 타인들에게 얼마나 많이 기대고 있는지 깨닫지 못한다. 자신의 강인함이나 우리를 넘어선 위대한 힘을 향해 고개를 돌리는 법도 없다. 자신에게 의지해 본 적이 거의 없는 까닭에, 처음에는 패배감을 느꼈을지도 모른다.

역설적으로 들리지만, 질병으로 인해 우리는 강인함을 얻는다. 타인의 사랑과 후원은 여전히 우리에게 중요하지만, 이제는 우리와 우리를 둘러싼 관계를 강하게 만드는 훌륭한 균형 감각을 지녀야 한다.

내 안의 영적인 메시지는 타인에게 의존하려는 내 욕구를 초월한다. 이 힘은 나와 나의 믿음, 그리고 나를 스쳐가는 모든 사람들을 강하게 만들어준다.

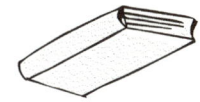

0123
주름들은 인생의 지도……
그것은 전쟁의 상흔이다

— 에타 펄로우 (Etta Furlow) —

한 여인은 그녀의 주름을 일컬어 나이가 들어서야 빛이 나는 푸른 녹이라고 한다. 처음 작은 주름(눈가의 주름이나 웃음선)을 발견할 때, 우리는 젊음을 잃었다고 탄식한다.

나이가 들면서 얼굴이 변하는 건 자연스럽다. 그것이 기쁨이건 고통이건 삶의 체험은 그것이 우리 정신과 영혼에 새긴 것과 똑같이 우리 얼굴에도 아로새겨진다. 우리 몸도 변하기 시작한다. 전에는 날렵하던 손가락이 뻣뻣해진다. 등이 결리고 걸음이 느려지는 건 기본이 된다.

피부는 우리 안의 영혼을 덮고 있는 포장에 지나지 않으며, 영혼의 기쁨은 포장지에 의해 줄어들지 않는다. 우리 영혼은 결코 늙지 않는다. 삶의 아름다움과 기쁨을 향한 우리의 믿음은 계절마다 새로 태어난다. 그리고 우리는 여전히 강인하다.

나의 몸은 세월 따라 변하겠지만, 내 영혼과 믿음은 그대로 있을 것이다. 이 깨달음으로 인해 내 감성은 생기를 유지한다.

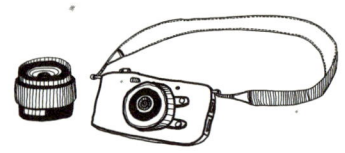

0124
곰처럼 끌어안기를 권한다. 두 팔을 활짝 벌리고, 상대방을 마주본 채 꼭 끌어안아야 한다

— 데이빗 브레슬러 (David Bresler) —

우리는 모두 육체적인 접촉이 필요하다. 그리고 이 접촉은 다른 사람과 접촉하는 것 이상의 의미가 있다. 사랑받고, 사랑하고 싶은 인간의 욕구를 상기시켜 주기 때문이다.

우리는 주위를 둘러싼 사람들이 많고 적음에 상관없이 외로운 감정에 빠질 수도 있다. 혼자 산다면, 어쩌면 애완동물을 사야 할지도 모르겠다. 새와 고양이, 강아지가 끊임없이 한결같은 애정을 표현할 것이다. 우리에게 필요한 건 훌륭하고 사랑스러운 가정이다. 혹은 타인과 나누는 접촉에 관해 생각해 볼 필요가 있을지도 모르겠다. 우리가 사랑을 표현하면 육체적 행복이라는 예기치 못한 보너스를 받기 때문이다.

> 나는 사랑하고 사랑받고 싶다. 나는 타인을 배려하는 심성을 다른 피조물들과 기꺼이 나누겠다. 그리고 심장의 고동이 멈출 때까지, 사랑으로부터 영혼을 치유하는 힘을 얻을 것이다.

0125
자괴감보다는 자기 이해가 내면의 평화와 성숙한 양심에 이르는 길이다

― 조수아 로스 립먼 (Joshua Loth Liebman) ―

우리는 타인들에게, 삶의 주류에서 소외될 필요는 없다는 것을 모범적으로 보여주기 위해 혼자서 고군분투하는 사람이 될 수 있다. 건강상의 어려움은 삶과 타인, 그리고 우리 자신의 가치에 대한 깨달음을 고양시켜 줄 것이다.

우리는 고개를 꼿꼿하게 세우고 대중 앞에 나서야 한다. 스스로 편한 마음을 갖고, 행인을 향해 미소 지으며 불평하지 않는 것을 통해, 우리는 강인함과 자기 확신의 아우라(Aura)를 창조할 수 있다.

이런 행동은 타인에게 자극과 격려가 될 수 있으며 더 중요한 사실은 우리에게도 같은 영향을 준다는 것이다.

> 나는 가정이라는 보호막을 벗어나는 것이 어려울 때가 있다. 그러나 두려움이 때로는 약이 된다는 사실도 안다. 현실에 안주하지 않고 생산적인 방향을 모색하도록 모종의 촉매 역할을 해주기 때문이다.

0126
인간관계에서, 안부를 물을 때 서로 도울 방도를 알고자 노력할 때에만 친밀함과 따스함이 생긴다

— 버나드 S. 라스카스 (Bernard S. Raskas) —

절친한 친구가 있는가? 우리는 우정을 소중하게 여기고, 갓 태어난 아기처럼 있는 힘을 다해 그것을 보호해야 한다.

어려움에 처한 친구가 도움을 청해 온다면, 우리는 결단을 내려야 한다. 한쪽 선택(자포자기)은 친구를 잃는다는 의미이다. 심지어 위험까지 감정적으로 감수해야 할지도 모른다. 하지만 위기가 발생할 때 우리는 곁에 머무는 친구가 될 수 있다.

> 친구를 만드는 유일한 길은 먼저 다가가 친구가 되어주는 것이라고 했다. 슬플 때 슬픔을 나눠주고, 기쁠 때 기쁨을 배가시켜 주며, 고통을 견딜 수 있게 하는 진정한 친구가 되도록 노력하련다. 또한 그대의 친밀한 우정에 경의를 표한다.

0127

> '너 자신을 알라'는
> 금언을 만들어낸 고대 현인은
> 이렇게 덧붙였을 것이다.
> '아무한테도 알리지 말라!'
>
> ─ H. F. 하인리히 (H. F. Heinrichs) ─

사람들은 자신의 감정을 숨기고, 만성적인 병고에 시달리는 현실을 숨기기를 잘한다. 한참 동안 그것을 무시하면 사라져 버릴 것이라고 정당화하면서 말이다. 물론 그런 일은 생기지 않는다. 그리고 우리는 서서히 우리의 병이 무엇이며, 그것이 만들어낸 변화에 맞게 최선을 다해 살아갈 방법에 관한 지식을 얻는다.

만성적인 병환의 진행이나 의료 환경을 변화시킬 수는 없겠지만, 우리의 대응방식은 변화시킬 수 있으며, 또 그래야 한다. 고통은 똑같이 아픈 사람들의 유대를 돈독하게 할 뿐이다. 수용과 솔직함, 평온함은 변화하고 성장하고자 하는 우리의 기꺼움을 함께 나눌 사람들을 끌어당길 것이다.

> 자연에 가까워지면 가까워 질수록 병에서 점점 멀어지고, 자연에서 멀어지면 멀어질수록 병에 점점 가까워진다는 말이 있다. 어디 육체의 병만이 병인 것일까? 오늘, 나는 삶의 행로 속으로 물러나 병을 나의 편으로 만들면서, 나 자신에게 솔직하고 정직해지겠다.

0128
사랑을 주고받는 것은 최고의 치료 형태를 의미한다
— 고든 W. 앨포트 (Gordon W. Allport) —

부부가 같이 공원 벤치에 앉아 있는 모습, 보도를 따라 산보하는 모습, 텔레비전에서도 부부는 언제나 같이 있는 것처럼 보인다. 살면서 한때 행복한 관계를 오랫동안 유지한 사람이라면 그 모습이 더욱 부러울 것이다. 그럼에도 불구하고 건강에 문제가 있는 사람들은 우연이든 필연이든 외로우며, 부부나 가족이 불편한 느낌이 들 때도 있을 것이다.

하지만 이제, 좀 더 완전해져야 하며 부부나 가족의 구속에서 자유로운 동지애를 발견하면서도 각자의 개별성을 유지해야 한다.

낭만적인 사랑이 신뢰와 우정의 유일한 바탕은 아니다. 우리가 믿는 친구가 강인하고 확신에 찬 후원자, 전능한 조력자가 되기도 한다., 외로울 필요가 없다는 것을 깨달아야 한다.

> 절친한 친구 한 명이 있으면 다행이다. 여러 명이라면 축복받은 것이다. 나는 더 이상 혼자가 아니다. 모든 인간의 지식 중에서 결혼에 관한 지식이 가장 뒤떨어진다고 한다. 고흐는 부부란 쇠사슬에 함께 묶인 죄인이기 때문에 발을 맞추어서 걷지 않으면 안된다고 했다. 나는 각자의 삶에 충실함으로써 서로를 이해하게 되고, 더욱 사랑하며, 행복한 결혼 생활을 유지 할수 있다고 믿는다.

0129
사람이 바꿀 수 없는 것이 하나 있으니 그것은 바로 부모님이다

— 데이빗 거리온 (David Ben-Gurion) —

우리는 너무 오랫동안 분노를 가슴에 지닌 채 우리 문제를 타인의 탓으로 돌릴 때가 종종있다. 우리의 부모님이나 다른 어른들을 향해 분노를 품고 있었다면 이제는 놓아 버릴 때이다. 우리의 기억, 인식 속에 그들이 우리에게 상처를 주었을지도 모른다. 어떤 일이 있었던 간에, 상상이든 현실이든 간에, 이제는 놓아주어야 한다.

부지불식간에, 우리는 부모님을 향한 이 분노에 대해 집착을 키워왔는지도 모른다. 그리고 우리의 의존성을 타파하는 데 도움이 되는 전문 치료사나 후원 그룹이 필요할지도 모른다. 우리는 스스로 우리 행동에 책임을 질 수 있다. 온당치 못한 우리 행동의 탓을 남에게 돌리지 않으면, 우리는 유해한 삶의 국면에서 벗어날 수 있다.

> 나는 내 인생을 소유하며 그것을 타인의 연장선으로 보지 않으려고 노력하고 있다. 오늘부터, 나는 나 자신과 나의 행동에 책임을 질 것이다.

0130
자신을 친구로 만든다면 결코 외롭지 않다

— 맥스웰 말츠 (Maxwell Maltz) —

우리는 가끔, 자신의 문제에 맞닥뜨리고 싶지 않아서 다른 사람들의 문제에 광적으로 매달린다. 우리 자신이 우리의 문제로부터 숨는다고 해결되는 것은 아무것도 없다. 그런데도 우리 가운데 어떤 사람들은 삶이 우리 앞에 던져놓은 도전 때문에 겁에 질려 그것을 정면으로 대면하기를 꺼린다.

가장 중요한 문제는, 특히 우리가 혼자일 때, 우리 자신의 모습을 직시할 수 있는 것이다. 언제까지나 북적대는 군중 속에 숨을 수는 없다. 하지만 우리 앞에 놓여 있는 것이 무엇이든, 자신 속에서 한결같은 위로를 발견할 수 있다. 바로 그때, 우리의 영성(靈性)은 깊어지고 자신의 고투를 이해한다. 그때서야, 타인을 돕고, 후원하며, 함께 나눌 수 있다.

> 나 자신에 대한 자각은 새로운 삶의 환경에 의해 고양되었다. 더 깊이 파고들수록 내가 찾는 영혼은 더 커진다. 내가 찾는 영혼이 커질수록, 나 자신과 더 많은 부분을 공유할 수 있다.

0131
1분을 신경 쓰라고 말하고 싶다.
1시간은 알아서 지나가니까

— 체스터필드 경 (Lord Chesterfield) —

    평생 하던 일을 그만두었을 때, 건강에 문제가 생겨 활동이 어려울 때, 가족이 멀리 있을 때, 하루는 길고 쓸쓸하게 느껴진다. 그럴 때는, 우리 자신에게 필요한 것을 신경 쓰는 것이 중요하다. 어떤 필요는 바로 채워져야 하는데, 우리가 방법을 알고 있는 것보다 시간이 훨씬 많이 남아돌기 때문이다. 미래를 내다보며, 우리는 앞으로 채워져야 할 시간이 두렵기도 하다.

    지금이 공동체에 손을 내밀어 자원봉사활동을 시작할 절호의 기회이다. 우리의 손길을 필요로 하는 사람들이 항상 있다. 그리고 우리가 도움을 제공하는 것은 우리 자신도 돕는 일이다. 하루하루가 새로운 가능성이 있다.

> 미래나 과거에 대해 염려하지 않겠다. 대신, 오늘은 다르게 살도록 노력하자.

2월
FEBRUARY

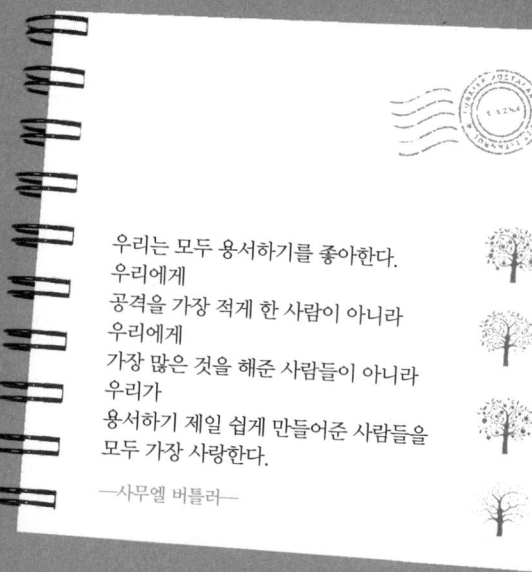

우리는 모두 용서하기를 좋아한다.
우리에게
공격을 가장 적게 한 사람이 아니라
우리에게
가장 많은 것을 해준 사람들이 아니라
우리가
용서하기 제일 쉽게 만들어준 사람들을
모두 가장 사랑한다.

―사무엘 버틀러―

0201
눈은 그저 계절을 위해 견디고, 기쁨은 아침에 온다
— 마르쿠스 아우렐리우스 (Marcus Aurelius) —

우리는 단기간의 목표와 단기간에 이루어지는 희열을 맛보기 위해 행동할때가 있다. 신용카드를 초과해서 사용할지도 모른다. 충동에 따라 살고 충동적으로 물건을 살 때도 있다. 어렸을 적 우리의 부모님께서 가르치신 장기간의 계획은 사라졌다.

이제는 선택의 여지가 없다. 삶의 환경, 특히 질병으로 인해, 우리의 바람과는 상관없이 기다리는 법을 배워야 한다. 그렇다. 우리는 고통과 번민을 지니고 살지만, 다시 한 번 작은 승리를 기다리고 맛보는 데서 오는 기쁨을 문득 알기 시작한다.

 인내는 내가 다시 키우기 시작한 미덕이다. 삶의 환경은 매일 기쁨을 찾는 것의 중요함을 나에게 가르쳤다.

0202
모든 재난에는 자극과 소중한 힌트가 있다
— 랠프 왈도 에머슨 (Ralph W. Emerson) —

어릴 때 재난이라고 느껴졌던 사건들도 나이가 들면 별로 중요하지 않다. 우리가 '비참하다'고 규정한 경험들(데이트를 못 하거나 수학 시험에 낙제한 것 등)은 이제 중요하지 않거나 어쩌면 우습기도 하다.

많은 사건이 잠깐 동안만 중요하다는 것을 이해하면, 눈앞에 있는 문제를 좀 더 현실적으로 보는 데 도움이 될 수 있다. 월말에 돈이 없는 것, 가족 간의 불화, 나아가 상습적인 병의 재발이나 악화는 너무 중요한 까닭에, 주의를 기울이거나 조절이 필요하다. 그렇기는 하지만, 정말 비참한 문제는 없다는 것을 알기 때문에, 이런 문제를 훨씬 수월하게 다룰 수 있다. 불편하고 고통스럽기까지 하지만, 우리의 인생은 그것을 조절할 수 있다. 우리는 전진한다.

> 새들이 날 수 있는 건 날 수 있다는 믿음 때문이다. 가장 중요한 것은 믿음이고, 모든 것은 나 자신에게 달려 있음을 안다. 나는 천재는 아니지만 믿음에 따라 살며 언제나 최선을 다하는 삶을 살겠다.

0203
새로운 조정은 늘 자존심의 위기이다
— 에릭 호퍼 (Eric Hoffer) —

우리의 자존심이 단단하게 뿌리를 내린다면 근사하지 않을까? 하지만 불행하게도 그런 일은 좀처럼 없다. 자존심은 워낙 미묘한 것이라, 사람들이 우리에게 하는 행동과 우리가 그들을 대하는 태도를 포함하여 외부적인 환경의 변덕에 쉽게 흔들린다.

우리의 시각, 자신에 대한 생각을 변화시키는 병고는 끊임없이 다그친다. 근사한 자기 이미지를 유지하기 위해 전투를 치르는 데는 시간과 목표를 조절할 필요가 있다. 이렇게 바뀌면 실망은 성공을 위한 기회로 바뀐다.

나는 완전한 인간이 되기 위해 끊임없이 일해야 하며, 내 모든 면(영적, 정서적, 육체적인 것)을 개발하기 위해 노력할 것이다.

0204
그저 감사한 생각을 하늘로 올려 보내는 것이야말로 가장 완벽한 기도이다

— 갓필드 에프레임 레싱 (Gotthold Ephraim Lessing) —

어린 시절, 침대에서 폴짝 뛰어내려, "제 곰 인형에게도 축복을 내려주시고, 또 제······."라는 말 한마디를 덧붙이던 우리의 모습이 생각나는가? 우리는 대개 그렇게 하라고 배웠기 때문에 기도한다. 이유를 이해하지는 못했지만, 기분은 좋고 편안한 마음이 들기도 했다.

우리는 성인이 되면서 새로운 습관을 만든다. 기도는 더 이상 일상의 한 부분이 되지 않을지도 모른다. 무엇인가 부탁할 필요가 있을 때만 기도를 시작할 수도 있다. 다시 기도의 습관을 키우는 것은 우리 능력 안에 있다. 매일 감사하는 습관 속에는 우리가 향유하는 건강에 대해서, 자연의 아름다움에 대해서, 우리의 가족과 친구들에 대해서, 위로가 될 것이다.

> 나 자신을 표현하고 성취하는 삶을 사는 한 가지 방식으로 기도를 선택할 것이다.

0205
우린 더 좋은 날들을 보았었다
— 셰익스피어 (Shakespeare) —

좋은 시절이라고 규정하는 것은 매우 어렵다. 일반적인 행복감이 주위를 감싸고 있고, 우리는 장밋빛 초원을 통해 세상을 보려고 한다. 모든 것이 제대로 되어 있는 것처럼 보인다.

하지만 나쁜 시절은 손끝 하나 까딱하지 않아도 규정할 수 있다. 계획대로 되는 것은 하나도 없다. 특별히 안 좋은 것이 아니라, 기분이 언짢다. 건강상의 변화가 나타나면, 우리는 무심결에 많은 시간을 나쁜 시절이 되게 내버려둘 수 있다.

이것을 멈출 수 있는 유일한 방법은 우리의 기대를 바꾸는 것이다. 기대치를 낮출 필요까지는 없다. 그냥 눈앞의 상황에 맞게 좀 더 현실적인 기대치이면 된다. 그러면 시간의 대부분이 좋은 시절이 될 수 있다는 것을 깨달을 것이다.

> 내 삶은 좋은 시절과 나쁜 시절이 늘 섞여 있으며, 앞으로도 그럴 것이다. 내 상호작용에 영향을 줄 수 있으며, 그렇게 함으로써 나날의 색깔에 영향을 끼칠 수 있다.

0206
나와 함께 늙어가세! 최고의 날이 아직 남았으니
— 로버트 브라우닝 (Rovert Browning) —

우리는 모두 아름다운 결혼식을 올렸다. 젊은 부부의 사랑은 너무나도 확실하다. 그들이 기대하는 것은 너무도 많고, 그들이 앞으로 살아갈 날은 너무나도 길다.

지금이 우리 인생에서 최고의 순간이라는 것을 더욱 절실하게 이해한다. 친구와 커피 한잔을 마시거나, 고요한 호숫가에 앉아 낚시를 하는 것이나, 모두가 최고의 순간이다.

나이가 들어 인생의 말년에 이르면, 이런 것들이 우리의 인생에서 최고의 시간이었음을 더욱 깨닫게 된다. 우리 자신, 우리에게 주어진 것, 우리가 아직도 쌓아가고 있는 것에서 위안을 받는다. 더 이상 터무니없는 목표를 세우지 않는다.

우리는 운도 좋다. 지나간 시절의 체험을 일상생활에 녹일 수 있으니까.

나는 인생의 단계마다 새로운 기회가 펼쳐지는 것을 알기에 위로를 받는다.

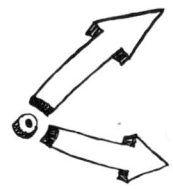

0207
가장 슬픈 말은
'그랬으면 좋았을 텐데'라는 말이다

— 존 그린리프 휘티어 (John Greenleaf Whittier) —

아내의 관에 기대고 서 있는 남자의 이야기를 들었다.
"너무 오래 기다렸어."
그는 혼잣말처럼 애통해했다.
"아내를 얼마나 사랑하는지, 우리가 함께 보낸 인생을 얼마나 소중하게 생각했는지 왜 말하지 못했을까? 너무 오래 기다렸어."

모든 사람들이 그렇겠지만, 우리도 미루는 버릇에서 자유롭지 못하다. 나쁜 관계를 끝낸다든지, 직장을 그만둔다든지 옛 친구와 화해하는 것과 같이 어려운 결정을 미루는 버릇이 있다. 미루는 버릇이 우리를 보호할 것 같으니까.

이제 우리는 시간도 중요하다는 것을 이해한다. 어떤 일을 자꾸 미루면, 삶의 긍정적인 부분을 접할 시간은 자꾸 줄어든다. 인생은 우리가 미루지 않을 때 훨씬 수월해진다.

✈ 나는 문제가 닥치면 직접 행동을 취해서 해결할 수 있다. 더 이상 미룰 필요가 없으니까.

0208
비극은 인간의 시발점이 아니라, 행동과 인생, 행복과 불행의 시작점이다

― 아리스토텔레스 (Aristotle) ―

비극에 대한 우리의 반응은 분노나 비탄, 심지어 적대감이 될 수도 있다. 이런 반응들이 현실적이긴 하지만, 낙관만큼 정확하지는 않다. 어떤 사건에 '비극'이라는 딱지를 붙이는 것이 바로 낙관(삶이 순조롭게 풀리리라는 믿음)이기 때문이다. 우리의 낙관이 예기치 못한 일로 무너질 때 우리는 놀라움에 충격을 받는다.

비극은 사건이며 한 시절, 한순간이지 그 외에는 아무런 의미가 없다. 인생은 감정과 사건 사이에서 쉬지 않고 너울거린다. 항상 행복하거나, 평온하거나, 비극적인 사람은 아무도 없다. 충만한 삶은 삶의 모든 국면에 우리 자신을 드러낸다.

그리고 그렇게 단순한 행동이 우리 모두를 유일한 인간으로 만드는 것이다.

📝 **나의 인생을, 인간으로서 내 경험의 오르내림을 수용한다.**

0209
오래된 병은 삶을 침범한다
— 캐슬린 루이스 (Kathleen Lewis) —

병든다는 것은 마음으로는 눈물을 흘리며 웃는 것을 뜻할 때도 있다. 그래야 타인과 다르다는 이유로 눈에 띌 필요가 없으니까. 오래된 질병은 지금 당장, 바로 오늘 우리의 시선에 익숙해지는 것이며, 잃어버린 옛날을 그리워하며 시간을 허비하지 않는 것이다.

여태껏 이것을 깨닫지 못했다면, 우리의 경험 속에서 그 어느 때보다도 정서적인 후원이 많이 필요할지도 모른다. 우리가 얼마나 강인하고 독립적인가 하는 것과 상관없이, 우리를 사랑하는 이들의 위로와 후원이 필요하다.

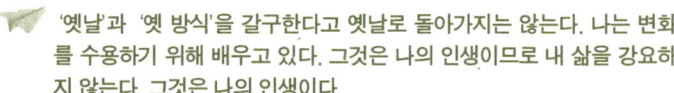 '옛날'과 '옛 방식'을 갈구한다고 옛날로 돌아가지는 않는다. 나는 변화를 수용하기 위해 배우고 있다. 그것은 나의 인생이므로 내 삶을 강요하지 않는다. 그것은 나의 인생이다.

0210
최상의 사고는 고독 안에서 이루어지고, 최악의 사고는 혼란 속에서 나온다

— 토마스 에디슨 (Thomas Edison) —

분망하고 번잡한 세상이 지배적일 때, 우리는 평화와 평온을 비축할 수 있다. 하루의 스트레스 때문에 방전된 것 같은 느낌이 들 때, 바로 그때가 잠깐 동안 휴식을 취할 시간이다.

고독, 명상, 평온함, 이것은 우리가 잠깐 동안 짬을 내어 개인적인 시간을 가진다면 우리의 것이 될 수 있다. 홀로 있다는 것. 이런 시간을 보내는 것이 내 마음대로 한다는 뜻은 아니다. 그것은 자기 배려이며, 간단한 일이다. 아름답고 부드러운 음악이 나오는 방송에 라디오 주파수를 맞추고 기대앉아 허브 차 한 잔을 마실 수도 있다. 천천히 숨을 들이마시며, 차의 온기에, 음악의 아름다움에, 그리고 그 순간의 고독에 우리 몸의 긴장이 풀어지는 것이다.

> 나의 가치는 내가 품고 있는 이상에 의해 결정된다. 나의 꿈은 신기루처럼 흔적 없이 사라지곤 하지만, 언제나 공기처럼 다시 나를 숨 쉬게 한다. 나를 살게 하는 힘, 나는 하루하루 홀로 있음과 휴식이라는 선물을 달게 받겠다.

0211
여러분에게는 자신의 삶에 대한 책임이 있으며 건강 유지를 위해 해야 할 일이 있다

— 닐 A. 피오레 (Neil A. Fiore) —

건강상의 문제가 있다는 것을 알게 되면 정말 충격이다. 우리 중에는 화가 나서 그런 진단을 내린 의사를 비난하는 사람도 많을 것이다. 아니면 전문가들에게 모든 것을 떠맡기기를 원할지도 모르겠다. 하지만 우리는 자신에 대한 책임은 우선 자신에게 있다는 것을 곧 깨닫는다. 결국 의사와 치료사에게 전적인 협조를 제공하기 시작한다. 우리는 건강관리팀과 동등한 구성원이 된다.

우리를 사랑하는 사람들의 도움과 의사들의 보조, 그리고 우리의 참여가 있어 오래된 질병에 적응한다. 바로 그때, 자신의 문제를 적절한 전망 안에서 볼 수 있으며, 우리의 인생을 즐기기 시작한다.

나는 삶의 변화를 받아들이면서, 다시 한 번 균형을 찾을 것이다.

0212
인생의 가능성을 믿기 때문에 지금 여기 있다
— 오프라 윈프리 (Oprah Winfrey) —

젊은 시절에는 다음과 같은 말을 항상 마음속에 새긴다.

"넌 할 수 있어. 목표를 정하고 조금만 손을 뻗으면 돼."

어른이 되었을 때보다는 젊은 시절에 이런 생각을 더 쉽게 한다.

새로운 변수(건강의 변화)가 상황 안에 들어올 때면 우리는 다소 근시안적인 태도를 취하는 경향이 있다.

우리들은 대부분 자신의 건강관리를 조율해 나가기 위해 모든 조치를 취할 수 있지만 두려운 마음에 주춤 뒤로 물러선다. 우리는 인간으로서 위대한 잠재력을 가지고 있다고 스스로를 굳게 믿어야 한다. 그것은 우리가 모든 목표를 달성한다는 뜻과는 거리가 멀다. 우리가 노력하는 것이 더욱 중요하다.

🛩 **나는 성공을 향한 도전과 기회를 제공하는 새 목표를 세우고 있다.**

0213
기쁨은 기다려주지 않는다

— 타누마 (Tanhuma) —

기쁨은 신의 위대한 선물이다. 기쁨은 시간과 공간을 모두 초월한다. 기쁨이 있어, 아주 잠깐 동안이긴 하지만, 측량할 수 없고 형언할 수 없는 기분을 맛본다. 기쁨은 특별한 선물을 열어보는 것과 같다. 그것은 미래의 추억을 위한 마음상태이며, 좌표이다.

우리는 눈이 부시게 아름다운 황혼을 보는 기쁨은 아주 손쉽게 맛보면서도, 그 아름다움은 변하는 것이고 순식간에 사라지는 것이 당연하다는 사실은 자주 잇는다. 바로 이것이 우리가 맛보는 기쁨으로 충만한 경험이 가진 진실이다. 기쁨은 변하고, 희미해지고, 사라지기도 한다. 기쁨은 우리 곁에 늘 머물러주지 않는다. 그렇기 때문에(황혼 속에서, 어린아이의 포옹 속에서, 친구가 내민 손길에서) 그것이 우리에게 올 때 한껏 이용할 필요가 있는 것이다.

나는 충만한 삶을 살기 위해, 비록 영원히 지속되지 않겠지만, 특별한 기쁨의 순간에 마음을 열겠다.

0214
우리가 사랑하는 것은 자질이 아니라 사람이다

— 자끄 마르땡 (Jacques Maritain) —

우리의 삶 속에 무슨 일이 벌어져도, 부자이거나 가난하거나, 강인하거나 약하거나, 혹은 병에 걸렸거나 건강하거나, 우리에게는 사랑할 여지가 항상 있다. 조건 없는 사랑과 배려에는 돈이 들지 않는다. 우리의 경제적인 지위에도 불구하고, 사랑하고 사랑받기를 원하는 것으로 인해 우리 삶의 위대한 가치는 강해진다.

타인을 사랑하고 사랑받으며, 우리는 사건이나 성격이 아니라 사람이 바로 우리 삶의 중요한 요소라는 사실을 생각한다. 우리는 사랑하는 사람의 완벽함을 찾지 않으며, 타인의 사랑을 쟁취해야 한다는 생각에서 자유롭다. 사랑은 우리 삶에 균형을 준다. 그것은 우리의 가치와 특권을 놓치지 않도록 도와준다.

 타인의 잠재력이 아니라 그들의 있는 모습 그대로를 사랑한다는 사실을 기억할 것이다. 내가 받은 사랑은 같은 기꺼움으로 주어질 것이다:

0215

현실은 올라가치도 내려가지도 않는 계단이다. 우리는 움직이지 않는다. 오늘은 오늘이며, 오늘만 있을 뿐이다

— 옥타비오 파스 (Octavio Paz) —

현실은 가혹한 단어로 우리 일상생활에 파고들 수 있다. 장기간의 건강문제로 인해 일어나는 육체의 변화를 극복하기 위해 고군분투할 때, 현실은 충실한 벗이 된다. 근심과 불안을 더이상 부인할 수가 없는 것이다.

우리가 스스로 정한 규칙은 삶의 뼈대가 될 수는 있지만, 질병도 현실의 한 부분으로 받아들이는 새로운 구조를 세울 수도 있다. 이 새로운 구조는 원래의 틀보다 훨씬 심도 있는 깊이와 위대한 차원을 갖추고 있다. 우리는 어른이며 현명하기 때문이다. 우리 삶을 의미 있게 하는 뼈대를 이루는 것에는 친구와 가족의 사랑, 우리 영혼의 능력에 대한 인식이 포함된다. 이것은 또한 우리에게 새로운 현실이 된다.

> 나는 완벽한 건강은 더 이상 기대하지 않지만, 불평을 최소화하고 의미 있는 삶을 살기 위해 노력할 것이다.

0216
모든 영혼은 새롭게 할 필요가 있는 멜로디이다
— 슈테픈 멜라르메 (Stephne Mellarme) —

이따금 우리의 삶이 얼마나 삐걱거리는지 인정하는 것이 힘들지도 모른다. 평온함을 회복하는 것은 더 힘들 것이다. 우리는 혼자서 스스로를 고치고, 감정의 고통을 완화시킬 수 있다는 생각으로 자기 개선 프로그램에 뛰어들 수도 있다. 이러면서 우리는 우리 밖에 있는 영혼의 자원은 무시한다.

이제 우리는 인간적인 우리의 결점을 훨씬 수월하게 이해하고 받아들일 수 있다. 무력감이나 분노, 두려움을 느낄 수도 있다. 우리는 자신을 믿지 못하고 의심한다. 자신의 감정의 미로에서 길을 잃는 것이다. 하지만 이런 감정들은 일시적일 뿐이며, 그 순간의 감정이 빠져나가고 나면 우리 삶의 잔잔한 영적 템포가 바로 들어선다는 것을 알고 있다. 멜로디는 항상 그 자리에 있다는 것을 알면 위로가 된다.

나는 오늘, 마음의 평화를 조율할 것을 믿어 의심치 않는다.

0217
품위란 고통이나 난관, 머뭇거림이나 부조화를 암시하는 것이 하나도 없는 것이다

— 윌리엄 해즐릿 (William Hazlitt) —

　육체적인 질병의 경우, 증상이나 통증이 악화되거나 새로운 문제가 불쑥 생길지도 모른다. 우리가 더는 멍에를 지고 갈 수 없을 것 같다는 느낌이 들 때까지, 다른 상황도 우리의 스트레스 수치를 올리기는 마찬가지이다.

　새로운 증상이 나타나면, 아주 짧은 순간, 질병이 우리의 자립심을 조금씩 무너뜨리고 있다는 느낌이 들기도 한다. 합병증이 많이 진행되는 상태에서 품위를 유지하기란 힘겹다. 하지만 그때가 바로 우리 자신에게, 주변의 모든 이들에게 품위를 유지해야 할 때이다.

> 평화와 만족을 갈구하는 내면 깊숙한 곳에 손을 뻗을 필요가 있다면, 바로 지금이다. 내 몸에 일어난 일은 싫지만, 우아한 사람으로 남을 수는 있다.

0218
자기연민은 최대의 적이며 거기에 굴복하면 이 세상에서 현명한 일은 아무것도 할 수 없다

— 헬렌 켈러 (Helen Keller) —

연민은, 자신에게서 나오든 타인에게서 오는 것이든, 우리를 해치기 마련이다.

우리가 타인에게 정말로 원하는 것은 감정 이입(移入)이다. 그들이 우리 입장이 된 것처럼 느끼는 것 말이다. 연민은 한 번 떨어지면 올라오기 어려운 깊은 수렁이기 쉽다. 우리가 왜 연민이며 자기 연민에 휩싸이게 되었는지 완전히 이해하기 전에는 다시 올라갈 수 없다. 자신에게 미안한 느낌이 우리가 노력하면서 좌절감을 맛보는 것보다 훨씬 수월해서 그럴지도 모르겠다.

> 오늘 내가 하는 행동은 자아의 성장에 바탕을 둘 것이며, 자기 연민을 피해가는 데 도움이 될 것이다.

0219
한 가지 목표에 도달하는 것은 다른 목표를 향한 출발점이다

— 존 듀이 (John Dewey) —

 삶에 있어서 변화를 수용하는 것은 성장의 기초이다. 우리는 변화를 위험한 것으로 생각한 적이 많다.

 드디어 우리는 변화를 다른 각도에서 보게 되었다. 상황이 좋건 나쁘건, 우리가 찬성하건 반대하건, 변화는 일어날 것이기 때문이다. 우리가 조절할 수 있는 유일한 일은 거기에 대한 우리의 반응뿐이다. 오래된 지표가 사라진 자리에 새 지표가 건설되는 것처럼, 진보와 성장을 의미하는 변화는 환영받을 수 있다. 누구에게나 있을 수 있는 일로 볼 수 있다. 이런 마음의 틀을 지니면, 우리에게 강요된 도전을 수용할 수 있는 것이다.

 내 삶의 도전은 성장을 도와준다.

0220
지금은 달콤한 저녁, 온몸은 하나의 감각, 온갖 모공마다 희열을 빨아들이네

— 헨리 데이빗 소로우(Henry David Thoreau) —

건조한 계절 속에서도 우리는 마음속에 부드러운 봄비에 대한 추억을 간직하고 있다. 새로 깎은 잔디의 알싸한 향내, 귀뚜라미의 울음소리, 새들의 노랫소리를 기억한다.

그런 추억은 우리에게 소중하지만, 새로운 추억을 만들 결심도 하게 된다. 그러기 위해서 우리로서는 약간의 계획이 필요하지만, 그것은 노력을 기울일 가치가 있는 경험이라는 것을 우리는 알고 있다. 우리는 거동이 불편하거나 어린 시절 그랬던 것처럼 자연과 수월하게 교호(交好)할 장소에 살고 있지 않을지도 모른다. 하지만 우리는 창조적이라 건물 입구나 공원 벤치에서도 외출한 기쁨을 맛볼 수 있다. 오늘의 기쁨과 내일의 추억을 위한 여유를 제공한다.

> 나의 질병은 현실적인 한계를 강요한다. 하지만 나 자신에게 인위적인 한계를 강요하지는 않겠다.

0221
나 자신의 긍정적인 행동을 막지 않겠다
— K. 오브라이언 (K. O'brien) —

움직일 수 없는 우리의 무능함이 우리를 괴롭힐 때가 있다. 마음대로 움직여지지 않는 근육이나 구부려지지 않는 관절로 인해, 아무리 근사한 의도를 갖고 있어도, 한때 우리가 맞았던 하루를 시작하는 것에 방해를 받는다.

우리에게 필요한 것은 특별한 척도의 강인함이다. 그것은 여러 날 동안 마음속 깊이 간직한 내적인 자원으로부터 나오는 것이다. 그러한 힘의 원천은 이 어려운 시기를 헤쳐나갈 것이라는 강렬한 믿음에서 솟아날 때가 많다. 그러면서 우리의 행위와 반응은 더욱 긍정적으로 변한다는 것을 알게 된다.

 나는 강인함을 위해 조금만 더 손을 뻗으려 노력할 것이다.

0222
영혼에는 무지개가 없다네. 눈물 없는 눈동자만 있다네
— 존 반스 체니 (John Vance Cheney) —

거짓 웃음 뒤에 몸을 숨긴 채 감정의 우물을 닫아놓는다면, 결국 그 우물은 말라 버릴 것이다. 이렇게 자연스러운 분출구를 빼앗긴다면, 우리의 정신과 육체는 긴장과 스트레스와 싸우느라 탈진한다. 우리는 감정적으로 자신을 표현할 능력을 상실하는 것이다. 눈물만큼 좋은 기회도 없다. 눈물은 다른 감정을 정화하고, 다시 울고 싶어질 때까지 다른 감정이 들어설 수 있게 한다.

 절규는 나를 자유롭게 하며, 풍성한 감정을 경험하는 자유를 준다.

0223
행위에서 신념을, 믿음을 떼어낼 자 누구인가
— 칼릴 지브란 (Kahlil Gibran) —

우리는 가끔 거짓된 모습으로 자신을 말할지도 모르겠다. 잘 모르는 사람에게 좋은 인상을 심어주기 위해 노력할 때 이런 일이 생길 수 있다. 우리는 무의식중에 다른 사람을 모방하려고 노력한다.

자부심과 자의식이 활짝 피어날 때에야 자신을 증명하고 싶은 우리의 욕구는 누그러진다. 우리 자신과 우리의 신념을 정직하게 표현하기 시작한다면 우리에게는 더 이상 숭배해야 할 영웅이 필요 없다. 대신, 삶이라는 선물을 존중할 수 있다.

 나는 내 믿음과 감정을 솔직하게 표현하는 데서 위로를 찾는다.

0224
미래는 천국과 같다. 모두가 찬양하면서도 지금 그곳에 가고 싶어 하는 사람은 아무도 없다

― 제임스 볼드윈 (James Baldwin) ―

　전문적으로 연구해서 미래의 모습이 어떻게 될 것인지 이론을 세우는 미래학자들이 있다. 미래의 필요에 관하여 타당한 의견을 제시하는 것은 사업과 교육, 산업을 위해 중요하다. 하지만 우리에게는 그다지 중요할 것 같지는 않다. 우리는 오늘을 이해하고, 오늘이 어떤 모습으로 우리 앞에 나타날 것인지 알아내기 위해 더 열심히 일한다.

　우리는 과학자도 연구원도 아니다. 우리는 지도에 나오지 않는 영토를 대하는 탐험가에 더 가깝다. 매일 아침 우리 앞에 놓인 사건과 뜻밖의 일에 대해서는 전혀 알 수 없지만, 우리는 오늘이 나아갈 방향을 선택할 수 있는 단 한 사람이다. 바로 지금 우리 자신을 위해, 그리고 우리와 절친한 사람들을 위해 사용할 이 시간이라는 선물이 있기 때문에, 우리는 미래에 대해서 염려하고 싶지도 염려할 필요도 없다.

　　나는 오늘을 찬양하고, 삶으로 그것을 채우겠다.

0225
물결을 거스르려는 자는 휩쓸려가지만, 그 앞에 무릎을 꿇는 자는 살아남는다
— 레비티쿠스 (Leviticus) —

물이 해안선의 윤곽을 변형시키는 것과 마찬가지로, 건강상태의 변화는 우리 일상의 경계를 변화시킨다. 전에는 정상적으로 보이고 느껴졌던 것이 이제는 아주 생소할지도 모른다.

다양한 삶의 단계마다, 우리는 새로운 상황에 적응하는 능력을 거듭해서 보여주었다. 결혼, 아이, 새 직장 등 이 모든 것이 개인의 변화를 요구한다. 이렇게 일상적인 사건들에 치료 상태까지 더하면 우리는 질식할 것 같은 기분이 들지도 모른다. 하지만 우리는 적응해 왔고, 앞으로도 그럴 수 있다.

새로운 형태의 삶을 창조하는 것은 분명히 내 힘 안에 있다.

0226

다시 이 길을 지나지 않으리. 지금 얼마간의 고통을 덜도록, 길에 놓인 장벽을 조금 제거하도록, 아니면 어떤 이의 무거운 짐을 밝게 비추게 하소서

— 에바 로즈 욕 (Eva Rose York) —

우리는 동네 정화위원회나 재활용센터를 통해서 타인을 도울 때가 있다. 학교나 교회 공동체 조직을 통해 자원할 수도 있었다.

질병을 통해서 우리는 돕는 사람과 도움이 필요한 사람 사이의 관계에 대해 더욱 잘 이해할 수 있다. 도움을 사랑하는 것은 연민이나 우월감에서 생기는 것이 아니라, 감정 이입(移入)과 함께 나누는 인간미에서 비롯되는 것이다. 항상 도와주는 사람도 항상 도움이 필요한 사람도 없다는 사실도 배웠다. 우리가 준 것, 우리가 받은 것을 통해 타인과 하나가 된다.

나는 돕는 것으로, 그리고 기꺼이 도움을 받는 것으로 나의 사랑을 보여주겠다.

0227
우정에는 말이 필요 없다. 그것은 외로움이라는 번민에게서 배달된 고독이다

— 다그 함마르셸드 (Dag Hammarskjold) —

　의미 있는 중단이 뜻하는 바는 우리가 절친한 친구와 함께 있으면 명백해진다. 우리는 그들을 즐겁게 만들 필요를 느끼지 못한다. 침묵 속에서도 마음이 편하니까.

　친구는 우리가 고통을 느낄 때와 그렇지 않을 때 거의 본능적으로 알아낸다. 변화하는 생활양식에 적응하기 위해 노력하면서 친구 앞에서 넋두리를 늘어놓을 수 있다. 우리는 함께 나눈 것이 얼마나 되는지 판단한다. 우리는 친구들을 믿지만, 말 없는 이해가 주는 위로도 믿는다.

　나는 말 혹은 침묵으로 마음을 나누는 친구들이 고마울 뿐이다.

0228

우리는 모두 용서하기를 좋아한다.
공격을 가장 적게 한 사람이 아니라
가장 많은 것을 준 사람들이 아니라
우리가 용서하기 제일 쉽게 만들어준
사람들을 가장 사랑한다

— 사무엘 버틀러 (Samuel Butler) —

다른 사람을 향해 분노나 속 쓰린 감정을 지니고 사는 것을 좋아하는 사람은 아무도 없다. 굽히거나 타협하려 들지 않는 불화로 인해 친구들과 소원해질 수 있다는 것을 우리는 알고 있다. 우리의 가치 기준과, 그런 가치 기준을 나타내는 방법의 중요성을, 우리는 시간이 갈수록 알아간다. 분노나 오해 때문에 우정이 위협받을 때, 우리는 우리의 가치 기준이 이끄는 대로 따라갈 수 있다. 우리의 가치 기준을 희생해야 하는 데에 조금 인색했다. 우리가 고집불통에 이기적이었다면, 이제부터 화해를 통해 좀 더 보기 좋게 우정을 지켜 나갈 수 있다.

🌱 나의 원칙에 따라 삶을 살아냄으로써 우정과 나 자신을 키우겠다.

3월
MARCH

모든 게 너무도 소중하고,
너무도 신성하고, 아름다워,
그 어느 때보다도 더 살고 싶고,
끌어안고 싶고,
나 자신 그것에 압도당하고 싶은
충동을 느끼네.

―아브라함 모슬로우―

0301
평화로 가는 길은 없다. 평화가 길이다

— A. J. 머스트 (A. J. Muste) —

우리는 쉬운 해답과 빠른 치료를 찾을 때가 많다.

우리는 지금 목표에 이르고자 한다. 우리가 찾는 것이 무엇이건 이러한 속성들을 확실하게 내 손안에 든 목표라고 보는 우를 범하고 있는지도 모른다.

우리가 추구하는 속성들이 목적지가 아니라는 사실을 우리는 차츰 이해하게 된다. 그것들은 의식적으로 택하는 궤적이며 방향인 것이다. 사랑이나 포용, 이해로 가는 길은 없지만 이런 속성들을 우리 삶의 기반으로 할 수는 있다.

🖋 내가 추구하는 것은 이미 내 영혼 속에 있는지도 모른다.

0302
괴로움과 분노는 아주 밀접한 관계가 있으며 같은 감정에서 나오기 때문에 자리를 바꿀 수 있는 단어인 것 같다

— 로버트 로버링 (Robert Lovering) —

왜 내가? 다시는 예전의 건강을 완전히 회복하지 못할지도 모른다는 사실을 깨닫게 되었을 때 우리는 격분할지도 모른다. 처음에는 새로운 상황에 잘 적응해 가다가도, 대부분은 그렇게 된다.

우리가 외로움을 선택하고, 웃음의 여유를 허락하지 않는 생활방식을 선택한다면, 우리는 괴로움을 선택하는 것이다. 좀 더 건강한 선택을 함으로써 우리는 삶이 건네는 가능성 안에서 우리 자신에 대한 믿음을 확인한다. 우리를 둘러싼 사람들을 향해 더욱 진한 사랑을 느끼고 그 결과 우리 자신을 더욱 사랑하게 된다.

> 나는 부정적인 감정, 만족과 행복이 조화를 이루도록 만들 수 있다. 나는 아픔을 통해 강인함을 얻을 수 있다.

0303

사람들은 대체로, 당신이 투사한 이미지와 관련짓는데 당신이 병들고 의존적인 사람의 이미지를 투사한다면, 당신은 그렇게 대우를 받을 것이다

— 카이엣 (chyatte) —

고질적인 질병을 받아들이기란 쉽지 않다. 예전에 하던 일은 아무것도 할 수 없다. 우리는 변했다는 것을 느끼고 그 질병이 가져올 변화를 두려워할지도 모른다. 하지만 강인하며 긍정적인 이미지를 투사하도록 배웠기 때문에, 우리 자신에게 안심한다.

우리 자신의 이익을 위해서도, 우리는 아무렇지도 않게 행동해야 한다. 우리가 강한 것처럼 행동한다면 우리의 새로운 행동은 새로운 습관이 되며, 그 습관은 정말로 우리 내면에 있는 위대한 감정의 힘을 개발할 수 있다. 살면서 일어날 수 있는 변화 가운데 하나로 질병을 전망할 수 있는 것이다.

> 오늘, 나에게 변화할 권리가 있음을 인정할 것이다. 나는 건강의 변화 속에서도 살아남으며, 보람 있는 삶을 살 수 있다.

0304
가로막는 것이 무엇이든, 우리는 운명에 맞선다

— 랠프 왈도 에머슨 (Ralph Waldo Emerson) —

우리는 미리 계획 세우는 것을 좋아하지만, 고질적인 병의 침탈을 예상할 수는 없다. 맨 처음 고질적인 질환의 변덕스러움에 익숙지 않았을 때는, 병의 경과를 기록하고, 예상하고 조절하려고 노력할지도 모른다. 우리의 건강상태에 대한 생각에 너무 깊이 빠져드는 것이다.

우리는 병의 진행을 바꿀 수는 없지만, 마음의 틀을 긍정적으로 유지함으로써 그 병의 우여곡절에 영향을 줄 수는 있다. 건강상태가 우리에게 끼치는 악영향에 대해 집착하기보다는, 아직도 우리가 할 수 있는 많은 일들에 전념하면 된다. 황혼을 보고 즐거워할 수 있는지? 아이들의 미소를 볼 수 있는지? 음악을 듣거나 수작업에 몰두하는 건 어떤지? 우리의 분노, 음울한 생각은 유쾌한 꿈, 즐거운 추억, 그리고 미래에 대한 희망으로 그렇게 쉽게 바뀔 수 있는 것이다.

> 나는 삶을 살고자 하는 방식에 있어서 아직도 선택할 게 남아 있다는 것을 드디어 깨달았으므로 다시 한 번 위안을 느낀다.

0305
가장 달콤한 노래는
가장 슬픈 생각을 담은 노래이다

— 퍼시 비쉬 셸리 (Percy Bysshe Shelley) —

우리 안의 메시지는 라디오 주파수를 맞추는 것과 무척 닮았다. 우리가 듣고 싶은 것을 고르니까.

라디오 주파수를 맞추면 음악은 달콤하고 행복하고 슬프고 외로운 음악들로 번갈아 가며 바뀐다.

우리가 듣기로 선택한 마음속 메시지는 견디기 힘든 추억으로 일상을 채울지도 모른다. 하지만 주변 사물의 아름다움을 눈여겨보거나, 부족한 것보다는 나에게 많은 것에 집중함으로써 마음을 좀 더 긍정적인 생각으로 조율할 수 있다. 건강을 위해 더 좋은 생각으로 마음을 바꿀 수 있는 것이다.

선택의 기회는 많은데 왜 슬프고 외로운 소리를 들어야 하는가? 우리는 목표와 필요에 맞는 일일 프로그램을 선택할 수 있으며, 그로 인해 욕구는 향상되고 일반적인 행복감도 늘어가는 것이다.

> 오늘 나만의 주파수를 맞춰 좀 더 긍정적인 메시지를 들을 것이다.

0306
이 세상에서 가장 유감스러운 것은 좋은 습관은 나쁜 습관보다 포기하기가 훨씬 쉽다는 사실이다

— 서머셋 모옴 (Somerset Maugham) —

우리 습관은, 그것이 특히 나쁜 것일 경우 여간해서는 없어지지 않는다. 사랑하는 사람의 행동이나 습관 때문에 화가 날 때, 우리는 재치 있게 침묵을 지킬 필요가 있을지도 모른다. 어떤 때는 주위의 모든 사람들이 손톱을 물어뜯거나 담배를 피우고, 험담을 하고, 과식을 하는 것 처럼 보인다. 질병이나 그 문제로 인한 스트레스가 나타날 때, 나쁜 습관이 다시 떠오르는 경향이 있다. 타인의 잘못이나 심지어 정상적인 그들의 건강에 대해서까지 참을성이 약해지기도 한다.

오래된 습관, 특히 비판적인 태도는 끊어버리기 어렵지만, 이제는 놓아주는 법을 배워도 괜찮다. 우리의 생활에 다른 스트레스가 있더라도, 우리는 새로운 습관을 개발하는 일에 매달릴 수 있다. 우리가 이룩한 성장을 깨닫고 자부심을 느끼는 법을 배울 수도 있다.

> 나는 오늘부터 확고하고 새로운 습관을 개발하고, 훌륭한 옛 습관은 잘 간직하겠다.

0307
삶은, 의지만 있다면 예술작품이 되고 세부 장식에 애정 어린 관심을 기울인다면 마무리된 작품에 자부심을 느낄 수도 있을 것이다

— 해롤드 쿤쉬너 (Harold Kushner) —

우리는 의식하지 못한 채, 나에게 유익하고, 나를 행복하게 만드는 일을 할 때가 있다. 우리는 행복이 묻어나는 일을 하며, 그럴 때면 성공적인 하루를 보내는 것이다. 행복이 묻어나는 행동에 관심을 기울일 때, 우리 앞에는 성공적인 한 주일이 기다린다. 우리의 가정을 보살피는 것에서 자존심을 느끼며, 그것은 도움의 손길이 필요한 동료를 도울 때도 마찬가지이다. 삶의 한 방식으로 자원봉사활동을 하는 것, 타인과 자신에게 친절을 베푸는 것, 손을 내미는 것, 이 모든 선택은 우리의 행복을 끌어올린다.

주변의 사람들에게 관심을 기울일 때, 우리의 영적 자아 속에서 어떤 변화가 일어난다. 그때 우리는 의미 있는 인생이라는 선물을 우리 자신에게 줄 수 있는 것이다.

🖂 나는 일상의 세세한 부분까지 애정 어린 관심을 기울이겠다.

0308
고통 없이는 배울 수 없다
— 아리스토텔레스 (Aristotles) —

고통과 경험은 가장 위대한 인생의 두 스승이라는 말이 있다. 매일 고통을 느끼면서도 그것을 통해 배우는 게 아무것도 없다면 기분이 어떻겠는가? 그리고 비통함과 함께 기쁨을 체험할 수 없이 인생을 항해해야 한다면 어떻겠는가?

우리의 삶이 완벽하다면 인간성의 깊이나 개성의 깊이도 없었을 것이다. 체험은 우리 가슴과 영혼을 할퀴며, 우리에게 깊이를 주고 일상의 지평을 넓혀준다. 고통 없이, 애절함 없이 완전하게 삶을 살아낸 사람은 아무도 없다. 우리는 고통과 슬픔 너머로 나아가 새로운 방향을 모색할 수 있는 것이다.

완벽하지 못한 삶을 살아내며 관용을 배우며 교훈을 얻는다. 이 교훈이 나의 성장을 돕고 삶의 의미를 되찾아줄 것이다

0309
어제를 후회하며 오늘을 낭비하지 말고, 내일의 추억을 만들어야 한다

―로라 파머 (Laura Palmer)―

젊은 날 우리의 꿈은 세상에 영향을 끼치려는 원대한 기대로 가득 차 있었다. 그중에 어떤 목표는 이루어졌지만, 그렇지 않은 꿈들이 더 많다.

이제는 우리의 계획이 모두 실현되는 것은 아니라는 사실을 마음 편하게 받아들인다. 그것을 받아들임으로써, 오늘의 꿈과 이상을 잘 반영하는 새로운 목표를 세울 수 있다. 한동안 우리는 '그냥 살아남는 것'으로 보일지도 모르겠지만, 우리는 더 많은 것을 얻을 수 있다.

삶의 단계에서 우리는 성숙한 결정을 내리고, 좀 더 현실적인 목표를 세우는 능력을 가지고 있다. 우리는 매일 가족과 친구, 그리고 직업의 기쁨에 대해 회고해 볼 수 있다. 그렇게 해서 자신에게 위안을 받고, 내일을 바라볼 수 있는 것이다.

어제는 사라지고 바꿀 수도 없지만, 오늘은 현실이며, 내가 이용하는 것이다.

0310
사람에게 가르칠 수 있는 것은 없다. 자신 속에서 찾을 수 있도록 도와줄 수 있을 뿐이다

— 갈릴레오 (Galileo) —

크건 작건, 정상적인 삶의 한 부분인 위기를 피할 수는 없다. 자동차 사고, 여력보다 넘치는 지출, 휴가 때 내리는 비, 이것은 누구에게나 일어나는 일이다. 예외는 없다. 하지만 우리는 부정적인 경험에서도 배울 게 있다. 신중하고, 말을 아끼며 책임지는 법을 배운다.

아무도 사는 법을 가르쳐주지 않는다. 우리 스스로 배워야 한다. 그리고 결국 우리는 자신의 문제를, 가끔은 우아하고 능숙하게 잘 처리할 수 있게 된다. 우리는 배운 것을 타인과 나눌 수 있으며, 그들이 길을 닦는 데 도움이 될 수도 있지만, 그들 역시 혼자 힘으로 해야 한다는 사실은 변함없다.

> 삶은 여러 상황을 나에게 던져준다. 그것을 긍정적인 체험으로 만들 능력은 나에게만 있다.

0311
낙관적인 사람은 타인이 실패를 볼 때 성공을 찾으며 타인이 그늘과 폭풍우를 볼 때 햇살을 찾는다

— O. S. 마든 (O. S. Marden) —

이따금 우리는 주변의 세상을 잊은 채 우리의 감정이 얼마나 비참한가에 집착한다. 육체적, 정신적인 고통에 빠질지도 모른다. 아니면 우리가 원하는 대로 일이 풀리지 않기 때문에 불행할지도 모른다.

하지만 우리, 잠깐 동안만이라도 일출을 그린 아름다운 수채화를 상상해 보자. 부드러운 파스텔풍의 색조, 색깔들은 어느 한 곳 눈에 띄게 망가지는 법 없이 엷고 부드럽게 한데 섞인다. 우리는 풍광의 아름다움과 고요함 속에서 편히 쉴 수 있다. 만족 이외의 다른 동기 없이 그것을 즐길 수 있다. 긍정적인 상상은 순간의 아름다움을 더욱 고양시키는 데 도움이 된다.

> 자연의 아름다움에, 내가 느끼는 위대한 희열에 압도당한다. 마음속에 그것을 그려봄으로써 이것과 똑같은 감정을 돌이켜볼 수 있다.

0312
고개를 숙여서는 안 된다. 세상을 똑바로 정면으로 바라보아야 한다

— 헬렌 켈러 (Helen Keller) —

감정에 상처를 입으면 자존심은 사라지기 쉽다. 우리는 기가 꺾인 듯 행동할지도 모른다. 우리가 이룰 수 있는 것들을 잊지 않고 챙기거란 너무 어렵고, 우리 손에서 벗어난 것에 집중할지도 모른다. 아니면 사교적인 모임에서 빠지고, 감정적으로 자신을 소외시킴으로써 우리의 문제로부터 숨어버리는 경향도 있다.

이제, 우리의 감정을 숨기지 말고, 세상에 정면으로 맞서면 훨씬 편해진다는 것을 알게 된다. 이러한 변화를 쉽게, 그것도 혼자 힘으로는 더더욱 하기 힘들지도 모르지만, 사랑하는 친구들의 도움을 받아 해나가고 있다. 우리는 우리의 한계를 받아들이고, 우리가 할 수 있는 것을 하려고 노력하고, 필요할 때 도움을 요청할 수 있게 되는 것이다.

📩 **나는 타인에게 도움을 요청해야 할 때 부끄럽게 생각하지 않을 것이다.**

0313
오래 살수록 삶은 아름다워진다
— 프랭크 로이드 라이트 (Frank Lloyd Wright) —

우리가 어렸을 때, 낮과 밤은 별개의 존재였다. 낮은 노는 시간, 밤은 잠자는 시간이었다. 나이가 들수록, 수면을 방해하는 문제가 있을 때면 더욱, 그런 구분이 확실하지 않다. 근심과 고통은 밤을 더욱 길게, 더욱 쓸쓸하게 만드는 경향이 있다.

어젯밤에는 가망 없어 보이던 것이 오늘 아침에는 전혀 새로운 빛으로 드러날 수도 있다. 어린아이였을 적 우리가 가졌던 그 신선함으로 새로운 하루를 다루는 법을 익힐 수 있다면 근사할 것이다. 다시 한 번 매 순간을 체험하고 음미하는 법을 배울 테니까. 몇 년 전 우리가 그랬듯이, 낮과 밤을 나누고 나면, 아름다운 일상이 다시 한 번 우리에게 찾아올지도 모른다.

> 내 소망은 나에게 오는 하루하루를 최선을 다해 살아가는 것이다.

0314
병자에게는 상쾌한 얼굴이 맑은 날씨만큼이나 좋다

— 벤자민 프랭클린 (Benjamin Franklin) —

건강의 변화는, 생활환경에서 일어나는 다른 변화와 마찬가지로, 우정에 금이 가게 할 수 있다. 고질적인 통증이나 불안에 시달리고 있을 때, 병고로 인해 건강이 상하게 되었을 때, 어떤 친구들은 새로운 환경 속에서 어떻게 행동해야 할지 몰라 어쩔 줄 모른다.

우리를 사랑하는 사람들은 돕고 싶어 한다. 우리와 함께 있고 싶으니까.

우리에게 힘든 부분은 그 사람들을 대하는 방법이다. 생활과 관계가 질병으로 인해 변하기 때문에 처음에는 우리나 그들에게도 찾아본다는 게 쉽지는 않을 것이다. 하지만 좋았던 시절뿐만 아니라 시련의 세월 속에서도, 이렇게 특별한 사람들을 그래도 염려하고 또 필요로 한다는 사실, 그리고 그들에 대한 애정을 보여주고 싶어 한다는 사실을 우리는 곧 깨닫는다.

우정의 돈독함을 통해 위로와 안정을 구할 수 있다.

0315
하루에 대한 계획을 세우지 않는 사람은 시작하기 전에 실패한다

— 루이스 K. 벤델 (Lewis K. Bendele) —

아침이면, 특히 평소의 통증보다 더 심한 통증에 시달릴 때면 우리 앞에 놓인 하루의 일과와 책임에 저항하고 싶은 유혹에 빠질 때가 있다. 커피 한 잔을 타서 신문을 들고 침대에 들어간 다음, 세상으로부터 숨고 싶다는 생각에 이끌리는 것이다.

아무리 끌린다고 해도 이것은 우리에게 좋은 계획이 아니며, 우리에게 필요한 것은 하루를 온전히 살도록 우리 자신을 격려하는 것이다. 사실 억지로 움직일 수밖에 없는 계획을 짜내야 할지도 모른다. 개인적인 관심, 손길을 기다리는 집안일, 친구에게 하는 편지나 안부 전화, 식료품 가게로 가는 길. 이런 것들은 우리의 중요성과 일상의 중요성을 역설한다. 계획이 없으면 우리는 스물네 시간을 외로움과 자기 연민에 빠져 허비해 버리는 위험에 빠진다.

 중요한 것은 미래다. 그런데 미래보다 더 중요한 것은 현재고, 현재보다 더 중요한 것은 오늘이고, 오늘보다 더 중요한 것은 바로 지금이다.

0316
날 때부터 현명한 사람은 아무도 없다
— 세르반테스 (Cervantes) —

'시간의 한순간.' 아직도 진실한 울림이 있는 옛 노래에 나오는 구절이다. 한순간에 우리는 앞으로 살아갈 삶의 조화를 정할 수 있다. 순간적인 결정이, 항상 좋은 것은 아니지만, 우리 삶과 모든 이들의 삶에 스며든다. 의학적인 문제는 상관없다. 가끔 우리는 너무 성급하게 결론을 내린 것에 대해 너무 안타까워한다. 그 결정이 당분간, 아니 영원히 삶의 행로를 바꿀지도 모르기 때문이다. 우리가 갖자고 우겼던 자동차가 고장이 나거나 충동적으로 이사한 새 동네가 싫어질지도 모른다. 바꾸려는 결심이 서기 전까지는 우리의 결정과 함께 사는 법을 배워야 한다. 결정을 내리기 전에 조금만 더 생각해야 한다. 모든 체험은 우리의 지혜를 심오하게 만들 수 있다.

> 나는 결정을 내릴 때 시간을 갖도록 노력할 것이다.

0317

우리가 충만한 인간적 삶을
살지 않았다면 시간은 상실되는 것이다.
시간은 체험이나 창조적 노력, 즐거움,
혹은 고통으로
풍부해지는 것이 아니다

— 디트리히 본회퍼 (Dietrich Bonhoeffer) —

"오늘 안에는 절대로 못 해!"

우리는 모두 간혹 이런 생각에 잠긴 채, 그날을 버티고 다음 날 아침이 밝아오면 새 날을 맞이한다. 우리 자신 외에 아무것도 생각하지 않을 때, 시간은 너무 천천히 지나가는 것 같다. 불확실한 미래에 질식할 것 같은 느낌이 들 때도 있다. 도움의 손길이 필요할 때 친구와 가족에게서 버림받았다는 느낌이 들 때도 있다.

이렇게 무력한 감정에 빠져 기운이 없을 때, 우리는 나만의 신을 향해 위로와 이해를 구하면 된다. 삶의 세세한 부분까지 혼자 힘으로 헤쳐나갈 필요가 없다는 것을 위로할 뿐만 아니라, 긍정적인 사고와 행동으로 우리의 일상을 구석구석 채운다.

🛩 **전능한 나만의 신은 버텨나갈 힘을 준다.**

0318
평범한 사람이라면 2천 권의 책에 둘러싸이고 나아가 세상에서 행복할 만한 공간 하나쯤은 가지고 있어야 한다

— 어거스틴 버렐 (Augustine Birrell) —

표지를 가려놓고 몰래 읽는 책.

우리는 모두 어린 시절 책 속으로 도망친 적이 많았다. 책은 남들과 공유하지 않는 혼자만의 체험이었다. 그것은 나눔을 가질 수 있는 따스한 아이들만의 시간이기도 했다.

책은 지금도 세상을 향한, 직접 경험해 본 사람들이 거의 없는 모험과 이역의 땅을 향한 창문을 열어준다. 육체적인 능력, 무능력과 상관없이 우리는 대개 책을 읽거나 그 소리에 귀 기울이는 방법을 찾는다. 아주 잠깐 동안이기는 하지만, 우리가 느끼는 좌절감을 벗어버릴 수 있다. 질병의 침탈을 잊을 수도 있다. 꿈을 꿀 수 있는 것이다.

> **독서는 나 자신에게 줄 수 있는 진정한 선물이다.**

0319
거룩한 동기에 대한 신념은 우리 안의 잃어버린 신앙에 대한 중대한 대체재이다

— 에릭 호퍼 (Eric Hoffer) —

바빠! 바빠! 바쁘다고!

우리의 삶이 다람쥐 쳇바퀴 도는 듯한 느낌이 들 때도 있다. 언제나 정신없이 바쁘고, 도와주고, 사람들과 사건들에 우리의 시간을 바치고…….

봉사와 자원 정신은 훌륭한 방법이지만, 그것도 여유 있는 삶을 풍요롭게 할 때에만 가능한 것이다. 우리의 난관이 두려움에 대한 회피라면 우리는 정말 쳇바퀴 돌 듯 단조롭게 살고 있는 것이다. 우리의 외부 활동이 매일 아침 눈을 뜨는 이유의 전부라면 우리는 아무 것도 이룰 수 없다.

너무 무서운 두려움에 정직하게 맞설 때 우리는 변하기 시작한다. 약점을 찾기 위해 우리는 자신의 성격을 더듬어보고, 우리가 저지를 수 있는 결점들을 바로잡기 위해 노력할 수 있다. 바로 그때, 우리는 자신과 자신의 능력에 대한 믿음을 되찾는 것이다.

🍃 나는 내 안의 믿음을 회복하여, 가슴을 열어 타인을 도울 수 있다.

0320
인간의 욕구에 대해 이해하면
그 사람을 절반은 만난 것과 같다

— 애들래이 스티븐슨 (Adlai Stevenson) —

오늘날 어른이 되고 고질적으로 앓으면서, 우리는 주변 사람들에게 다그치는 사람이 되어 있다. 하지만 그런 암시는 아주 세심해야 하고 조심스럽게 주어야 하는 것이다.

우리의 건강문제에 관하여 배우자나 친구, 부모님, 자녀들의 행동을 친절하게 이끌 수 있다. 우리의 설명은 솔직하고 직설적일 수 있다.

"나를 도와주기 전에 내가 혼자서 할 수 있도록 내버려두는 게 나를 도와주는 거야." 혹은 "바닥 좀 닦아라." 혹은 "수건 좀 건조기에 갖다 넣을래?"

주변 사람들은 우리 마음을 읽을 수 없다. 우리는 이렇게 말하는 법을 배워야 한다.

"이게 필요해." 혹은 "이러고 싶어."

우리가 직접 요구하면 이루어질 것이다.

> 도와달라고 부탁하는 법을 배우는 건 힘들지만, 나는 기꺼이 배울 수 있다.

0321
노는 법을 아는 것은 행복한 재능이다
— 랠프 왈도 에머슨 (Ralph W. Emerson) —

걱정 없던 어린 시절이 지나고 어른이 되면 우리는 어린아이의 마음을 너무 많이 상실한다. 우리는 성숙하다고 생각하는 (진지하고 바쁜) 모습으로 변해왔다. 부지불식간에 우리는 결혼, 직장에 대한 충실, 아이들 양육, 채무 변제 같은 것의 중요성에 집착하게 되었다. 청소하기, 이발하기, 옷이며 식료품 사기, 그리고 규칙적으로 손길이 필요한 잡다한 집안일을 하기 위해 이리저리 뛰어다닐지 모른다.

친구들과 함께 보내거나, 아니면 그냥 놀기만 하는, 우리 자신을 위해 필요한 시간은 어디에 있는 것인가? 원하면 지금 당장 만들 수 있다. 가정이나 직장에 필요한 것들은 잠깐 털어버리고, 아무 걱정 없이 놀도록 우리 자신을 내버려두는 것이다.

> 가끔씩 아주 진지해지는 것은 쉬운 일이다. 오늘은 나 자신을 위한 놀이에 참가할 것이다.

0322
용기는 두려움의 결여가 아니라, 두려움에 대한 저항, 두려움에 대한 승리이다

— 마크 트웨인 (Mark Twain) —

자존심을 내세우다 상처받는 사람들이 많다. 여기에는 많은 이유가 있겠지만 모든 건 다 콤플렉스 때문이다. 삶의 변화를 이루고자 마음먹을 때, 어떻게 해야 할지 막막해지기도 한다. 어떻게 시작해야 할까? 시작하기 가장 좋은 방법 중에 하나는 세상에서 제일 자신 있게 있는 것처럼, 우리 자신에 대한 굳건한 믿음이 있는 것처럼 행동해 보는 것이다. 불가능보다는 가능성을 생각하며 시간을 보내는 것이다.

미지의 것에 대한 두려움이 우리 모두에게 있지만, 느낌이 오는 대로 노력하다 보면 언젠가 우리의 행동은 새로운 습관이 될 것이다.

나는 변화를 창조할 수 있는 것처럼 행동하도록 노력할 것이다.

0323
악한 자가 소요를 그치며, 곤비(困憊)한 자가 평강을 얻으리라

— 욥기 3:17 (Job 3:17) —

끊이지 않는 피로감을 가지고 사는 법을 배워야 한다고는 한 번도 생각해 보지 않았을 것이다. 질병에 대한 우리의 관념은 고통이나 불편, 심지어 분노와 같은 부정적인 감정까지도 예비시킬지 모르지만, 질병으로 인해 생기는 가차 없는 소모감을 예기할 방법은 없었다. 우리는 혼자가 아니라는 사실, 우리보다 위대하며, 고개를 돌려 위로와 강인함을 구할 수 있는 절대자가 존재한다는 사실을 알기만 하면 말할 수 없는 위안을 받는다.

질병으로 인해 생기는 육체적 탈진을 항상 피해갈 수는 없지만, 정상적인 건강상태라면 흩어져 버렸을지도 모를 우리의 영성을 재생시킬 수 있다.

> 내 병을 다스릴 수는 없지만, 낙관적인 태도를 취할 수는 있다.

0324
우리의 안전은 무지 속에 있는 것이 아니라, 위험을 맞서는 데 있다

— 요한 크리스토프 쉴러 (Johann Cristoph Schiller) —

질병 치료에 필요한 것보다 더 많은 약물을 복용할 때 우리의 어려움은 배가되는 경우가 있다.

가능하면 우리 몸이 건강하게 기능하도록 약물사용을 해야 한다는 것은 분명한 사실이지만, 약물과다로 인한 만성적인 의료문제에서 예기치 못한 부작용이 생길 수도 있다. 또한 심리적, 물리적 의존이 발생할 수도 있다.

불가피한 약물치료 말고도, 삶의 기쁨, 나 자신과 타인에 대한 사랑이 병마와 싸우는 데 도움이 되기도 한다. 자신의 한계를 안고 살아가는 법을 배우면, 만성적인 질병이 우리에게서 앗아간 육체의 능력을 조금이나마 회복할 수 있다.

🍃 나 자신의 문제와 대면하면서 나는 강인해진다.

0325
사람들은 누구나 자신의 눈에 보이는 것을 세상의 끝이라고 생각한다

— 아르투어 쇼펜하우어 (Arthur Schopenhauer) —

'영원히' 낫지 않는 불치병에 대해서 익숙해지기란 쉽지 않다. 처음 알게 되었을 때는, 병이 우리 삶을 덮치도록 내버려뒀을지도 모른다. 산책하는 즐거움, 친구와 카드게임을 하던 재미, 타인을 도우며 시간을 보낸 기쁨이 사라져 버렸을지도 모른다. 예전의 생활에 대한 추억에 사로잡히는 것이다.

이제는 병을 제자리에 제대로 두는 법을 배울 수 있다. 우리는 쉽사리 끝나지 않는 상황 속에 있지만, 그것이 우리를 소유하지는 못한다. 건강문제가 우리 일상을 지배하지 않을 때 진정한 포용에 이를 수 있다는 사실을 알게 될 것이다.

물론 만성적인 질병은 우리에게 상처를 주지만, 이제는 그것도 우리 삶의 한 단면이라고 무심히 볼 수 있다. 다시 한 번 온전하고 의미 있는 일상을 찾기로 마음먹을 수 있다.

> **나는 삶을 온전하고 풍성하게 살기로 마음먹을 수 있고, 그러면 정말로 온전하고 풍성해질 것이다.**

0326
모든 게 너무도 소중하고, 너무도 신성하고, 아름다워, 그 어느 때보다도 더 살고 싶고, 끌어안고 싶고, 나 자신 그것에 압도당하고 싶은 충동을 느끼네

— 아브라함 모슬로우 (Abraham Maslow) —

병이 들면, 우리는 죽음이라는 운명을 직시할 수밖에 없다. 바로 곁을 스치는 죽음은 죽는다는 공포 속에 우리를 몰아넣기에 충분하지만, 이 공포로 인해 영성의 감각이 우리 삶을 통해 흘러나오는지도 모른다. 압도당할 것 같아 보이던 문제도 훨씬 줄어든다. 수목은 초록빛을 더하고, 하늘은 눈이 부시게 푸르러 보인다. 사람들은 어느 때보다 친절하고 다감해 보인다.

우리는 당연하게 여겼던 것들이 우리에게서 멀어지기 전까지 고마워하지 않을 때가 있다. 갑자기, 하루하루가 은총이며 소중한 삶의 기회인 것이다.

> 나는 삶이라는 선물을 기뻐하므로 하루하루 최선을 다해 살아가려는 투쟁을 이어가고 있다.

0327
모든 고민에는 인내가 최상의 처방이다

— 플라우투스 (Plautus) —

우리는 빨리 결정하는 데 익숙하다. 경제적으로 어려울 때 신용카드가 있으면 마음 놓고 쓸 수 있다. 허기가 질 때는 간이 음식점이 늘어선 곳으로 가서, 음식을 먹는다.

그리고 우리의 병에 대해 들을 때도, 우리의 반응은 똑같다. "좋습니다. 어떻게 하면 고칠 수 있습니까?"

치료를 하는 데는 시간이 걸리며, 받아들이기 힘들겠지만 인내를 요구하는 투약이 필요하다는 말을 듣는다. 병의 본질은 우리에게 인내심을 요구한다는 사실을 배운다. 미친 것처럼 날뛰던 우리의 행동을 누그러뜨리고, 스쳐 지나가는 매 순간에 놓인 소중함을 깨닫는 데 이 인내를 이용할 수 있다. 인내가 매우 훌륭한 처방이라는 사실을 깨닫게 되면, 우리의 시간은 갈수록 소중해진다.

📎 **나는 오늘부터 인내를 갖겠다.**

0328
두려운 것은 죽음이나 고통이 아니라, 고통이나 죽음에 대한 두려움이다

— 에픽테투스 (Epictetus) —

우리가 예상하는 고통(독감의 습격이나 장기적인 치과 치료, 혹은 외과 수술)은 실제의 고통보다 훨씬 높게 나타난다. 이것은 고통에 대한 예감에 공포나 불안이 포함되기 때문인 것 같다. 고통을 다루면서, 우리는 고통을 훨씬 건강하게 극복하는 방법을 찾을지도 모른다.

옛날에는 두통이 생긴다는 느낌만으로도 우리의 근육은 긴장을 해서 고통의 공습에 대비했다. 이제는 긍정적인 상상이나 이완 요법을 생각하며 마음을 진정시켜보자. 숨을 깊게 들이쉰 다음, 아름답고 고요한 광경을 생각하는 것이다. 우리는 긴장을 풀고 두려움에서 벗어나는 법을 배우고 있다.

> 나의 인간적인 능력을 생각한다. 내 몸을 제어하고 고통의 효과를 최소화하기 위해 노력할 것이다.

0329
육체의 건강에 행복을 의지해서는 안 된다
— K. B. 오브라이언 (K. O'Brien) —

우리는 정상적인 건강상태를 기본으로 인생 전체의 뼈대를 만들 때가 있다. 미래에도 건강할 것이라고 믿는다. 질병으로 인해 습관을 바꾸어야 한다는 생각은 단 한 순간도 하지 않을지도 모른다. 우리에게 그런 일은 절대로 일어나지 않는다는 면제감, 자신감을 느끼는 것이다.

그리고 병에 걸려 생활방식이 바뀔 때(때론 천천히, 때론 갑자기) 우리는 행복할 권리를 상실했다는 기분에 빠진다. 그때 우리는 적응하기 시작한다. 가족과 친구들은 우리 곁에 머문다. 그리고 육체적인 활동이 아니라, 그 사람들이 진정한 행복의 이유라는 깨달음이 생긴다.

> 나는 만성적인 질병을 받아들이고 적응한다. 병약함은 내 인생을 변화시켰지, 끝내지는 않았다.

0330
난처할 때 웃는 법을 배우지 않는다면, 나이 들어 웃을 일은 하나도 없을 것이다
— 에드 호우 (Ed Howe) —

다른 사람들과 함께 웃는 일은 중요하다. 하지만 우리 자신의 문제를 놓고 웃는 법을 배우는 것은 더 중요하다. 우리는 온갖 문제들이 생겨나는 상황과 더불어 살아가야 하기 때문에, 자신을 향해 웃는 법을 배우는 것이 좋다.

우리의 몸 때문에 잠재적으로 상황을 껴안음으로써 자신의 현실을 파악한다는 것은 필연적인 것이다.

가끔은 우리에게 던져진 이상한 상황에 마음껏 웃으면 고통스럽고 견디기 힘든 것을 헤쳐나가는 데 도움이 되기도 한다.

웃음은 나 자신에게 주는 선물이다. 어디를 가든지 웃음을 데리고 다닐 수 있으며, 언제나 우리의 것이 될 것이다.

> 내가 웃을 수 있을 때 나는 제대로 방향을 잡은 것이다.

0331
왜, 왜, 왜
— 제임스 조이스 (James Joyce) —

"공평하지 않은 것 같아. 이제 겨우 자리를 잡았는데, 어떻게 이렇게 기분 나쁜 건강문제가 나한테 생길 수가 있어. 그것도 내 인생의 중대한 시점에서?"

우리는 혼자서 탄식한다.

그것은 우리 모두가 알고 싶어 하는 질문이다. 우리들은 대개 무릎을 꿇고 이렇게 한탄할 것이다.

"왜 하필이면 나야?"

혹은 이렇게 애원할지도 모른다.

"왜 하필 지금이야. 이제 겨우 일어서려고 하는데?"

물론 그 어디에서도 아무런 응답이 없을지도 모른다.

우리의 삶은 가끔 공평하지 않을 때가 있다. 쉬운 대답은 하나도 없다.

> 나는 인생의 여러 변화에 적응해 왔으며, 어떤 변화에도 적응할 수 있다. 시간이 걸리고, 처음에는 갖가지 감정을 견뎌내야 하겠지만, 기꺼이 해내고야 말 것이다.

4월
APRIL

헝클어진 감정의 세계에서
진정한 진보는 개인에 의해 이루어져야 한다.
우리 각자는 자신만의 영혼의 거울을 들고
거기에 비치는 모습을
뚫어지게 바라보아야 한다.

—버나드 S. 라스카스—

0401
봄은 너무도 아름다운, 독특한, 예기치 않은 행복이어서 가슴을 열어 무얼 할지 알 수가 없네

— 에밀리 디킨슨 (Emily Dickinson) —

어린 시절 봄을 즐기던 순수함을 기억하는가? 뒤뜰을 돌아 나오면 눈부신 풍경이며 향기가 눈앞에 펼쳐지던 시절 말이다. 무엇보다 중요한 건, 새 계절이 오고 몇 달만 지나면 여름방학이 온다는 것이었다.

우리는 젊은 시절의 솔직함을 되찾을 수 있다. 아직도 어린 아이와 같은 마음이 있기 때문이다. 어른이 되어 우리가 얻은 이해의 깊이가 있어도, 그때와 똑같은 냄새를 맡고, 기쁨을 맛볼 수 있다. 우리의 자립심이 어느 수준이든지 관계없이, 정원을 가꾸거나 꽃을 감상하는 것과도 상관없이, 봄으로 인해 우리는 여전히 희열을 느낄 수 있다.

> 내 가슴은 봄이 되면 여전히 들뜬다. 그 안에는 나의 의지와는 무관하게 인생을 뒤바꿀 만한 무엇이 있을 것만 같다. 그리고 그것을 모두 느낄 수 있음을 감사한다.

0402
삶의 기쁨은 자연스럽고 유익하며 해가 없는 방법으로 자신의 힘을 발휘하는 데 있다.

— 올리버 웬델 홈즈 주니어 (Oliver Wendell Holmes, Jr.) —

건강이 변하고 피로가 상존하는 문제가 될 경우, 우리는 예전에 혼자 힘으로 했던 일들을 할 수 없게 될 것이다. 자신을 너무 다그친다면, 대가를 치르게 될 것이다. 관절이 쑤시거나 우울증에 시달릴지도 모르는 일이다. 아니 실제로 우리는 대가를 치른다.

일상의 활력 수준을 은행 구좌에 들어 있는 돈에 견준다면, 우리의 밑천이 동나기 전에 수많은 위축감만 겪을 뿐이라는 것을 깨닫는다. 그렇게 소중한 활력을 얼마나 사용하고(낭비하고) 싶어 하는지 우리는 매일 깨닫는다. 시간이 지나면서 우리는 에너지를 적절하게 투여하는 법을 배운다.

> 매일매일이 새롭고 신선하다. 나의 에너지를 쓰는 방법은 나의 결정에 달려 있다.

04 03
지나친 두려움은 항상 무력하다
— 아에스킬루스 (Aeschylus) —

우리의 잠을 방해하는 것이 있다. 낮에는 로봇처럼 움직이며 겨우 버틸 뿐이다. 수면 부족은 우리가 맞서는 걱정과 문제 때문에 생기는 것인지도 모른다.

갑자기 질병에 맞닥뜨리면 우리가 얼마나 무력했는가를 알게 된다. 한때는 모든 것에 만족할 만한 해답이 있다고 느꼈지만, 이제는 마음에 들지도 않고 바꿀 수도 없는 해답을 안고 살아가야 할지도 모른다. 우리는 무력감을 끌어내어 우리 인생의 다른 영역으로 끌고 가야 할지도 모른다. 하지만 우리는 인생이 늘 예측 가능한 것만은 아니라는 사실을 점차 이해한다. 어찌할 수 없을 때까지 그 사실을 인정하기 싫었을 뿐이다. 우리는 우리가 바꿀 수 없는 일을 받아들이고 우리가 바꿀 수 있는 일에 매진하는 법을 배운다. 우리 문제는 직접 처리한다. 그러면 불안은 잦아든다. 휴식을 취할 수 있는 것이다.

나는 오늘, 바꿀 수 없는 해답을 받아들이겠다.

0404
마음이 뛴다,
아마도 그것은 일종의 뿌듯함이다
— 요셉 우드 크러처 (Joseph Wood Krutch) —

고질적인 병환이라도 우리 삶의 그림 속에 녹아들 수 있다. 건강문제거나 다른 문제를 떠나서, 여러 가지 문제가 모든 것을 압도하거나 배척하도록 내버려둔다면, 시작하기도 전에 패배한다. 우리는 패배자가 될 필요는 없다.

모든 여명은 변화하고 행복을 찾으며, 삶을 잘 살아내려는 기회로 새롭다. 깊은 통찰 속에서 우리는 자신과 전능한 신에 대한 믿음을 다시 정립할 수 있다. 성장, 학습, 새로운 것을 추구하고자 하는 기꺼움을 통해 인간의 자연스러운 호기심을 표현하고자 할 때 기쁨과 뿌듯함은 우리의 것이 될 수 있다. 우리는 고개를 똑바로 세우고 자부심을 가질 수 있는 것이다.

육체적인 조건과 관계없이 나에게는 존엄과 가치가 있다.

0405
기도를 두려워 말지니,
기도는 옳은 것이니라.
기도하라, 희망을 갖고 있을지라도,
기도하라

— 하틀리 쿨리지 (Hartley Coolidge) —

우리는 별 이해 없이 기도문을 기계적으로 암송하는 법을 배웠을지도 모른다.

이제는 기도에 대한 필요성을 이해하고 느끼기 시작한다. 사랑하는 삶을 위해, 혹은 우리 자신을 위해 기도할 수 있다. 기도는 우리를 고양시키고 우리의 영혼, 우리의 내면 그 자체를 살찌게 하고 뿌듯하게 한다.

기도는 나의 영적인 필요를 창조적으로 표현하는 것이다. 그것은 개인적으로 깊은 만족감을 주며 끊임없이 삶의 모든 힘을 떠올리게 한다.

0406
실수하지 않는 사람은 보통 아무것도 하지 않는다

— 에드워즈 존 펠프스 (Edward John Phelps) —

끊임없이 병에 시달릴 때 우리는 너무 나약해져서, 새로운 경험에 몸을 맡기기가 선뜻 내키지 않을지도 모른다. 실제로 시간을 갖고 세상을 응시 하려는 사람은 거의 없다.

격리된 삶을 살며 기회를 갖지 않는 것은 해답이 아니다. 우리가 이용할 수 있는 선택 사항들은 늘 있지만, 그것은 전에 우리가 생각했던 것과는 다른 선택 사항이다. 새로운 방향을 잡기로 결심할 수 있다. 타인에게 비치는 우리의 이미지는 우리 안에 간직된 이미지의 반영이다.

> 나의 실수를 넘어 새로운 성공을 향해 손을 뻗는 것은 나의 삶을 살찌게 한다.

0407
아침을 먹기도 전에 불가능한 일을 여섯 개씩이나 믿었던 적이 있었다

— 루이스 캐롤 (Lewis Carroll) —

이른 아침 커피나 차를 한 잔 타서 식탁에 앉아 있노라면, 공상에 잠기기 쉽다. 아주 잠깐 동안이지만, 우리는 무슨 일이라도 할 수 있다고 다시 한 번 믿게 된다.

우리는 아직도 상상의 기쁨을 누리며, 오랜 투병생활이 우리를 짓누르는 육체적인 한계가 있다고 해도, 나 자신의 불가능한 꿈을 이룬다는 상상은 여전히 할 수 있다. 우리 삶의 모습에 관해 순순한 환상에 빠지는 것은 근사한 일이다. 우리의 인간관계나 우정이 더 풍부해지는 것을 상상할 수도 있다. 우리의 몸이 우리를 저버린다고 해도, 우리 자신에 대한 믿음을 저버릴 필요는 없다.

▼ 원하는 것은 무엇이든 상상할 자유가 있다. 나의 병이 내가 마음으로 이룰 수 있는 것을 억누르지는 못한다.

0408

믿어주오, 사람에게는
모두 은밀한 슬픔이 있다는 것을,
세상은 모르는 것을, 그리고 우리는 자주
그가 슬플 때만 냉정하다고 말하는 것을

— 헨리 워즈워스 롱펠로우 (Henry Wadsworth Longfellow) —

초연해 보이거나 타인과 떨어져 있고 싶은 욕구를 보이는 사람이 있다면, 자동적으로 우리는 점점 냉정해지고 있다고 가정한다. 하지만 타인의 삶과 감정에 어떤 것이 들어 있는지 모든 것을 알고 있는 사람은 우리 가운데 아무도 없다. 우리는 보통 사람들의 개인적인 특성을 무시하는 경향이 있다. 슬픔, 수줍음, 두려움은 오해의 여지가 있는 특징 중 몇 가지에 불과하다.

사소한 실망, 큰 실패, 꿈이나 사랑하는 이의 상실. 이것은 우리 모두 누구나 겪을 수 있지만, 함께 나눌 수 있는 이는 별로 없는 문제들이다. 우리가 서로에 대해 알고 있는 것이 얼마나 적은지 마음속에 떠올리면서, 현실을 너그럽게 보고 타인의 과오를 짐작하면 된다.

> 타인의 문제에 대한 나의 이해는 나 자신의 병으로 인해 깊어졌으며, 앞으로도 그렇게 쉽게 판단하지 않을 것이다.

0409
위로하는 자의 머리는 아프지 않다
— 이탈리아 속담 (Italian Proverb) —

사랑하는 이의 갑작스런 죽음과 같이, 가족의 위기를 겪는 사람은 가장 힘겨운 시기에 꿋꿋하게 버티다가, 나중에는 무너지는 경우가 있다. 늘 평온을 유지할 수 있는 사람은 아무도 없지만, 우리 힘이 타인을 위해 필요할 때 우리는 좀처럼 노력하지 않는다.

사랑하는 이가 화나고, 상처받고, 실망할 때 우리는 그들을 위로한다. 친구가 수술을 받거나 다른 위기에 처하면 그를 위로한다. 사랑하는 사람이 죽음을 기다리는 동안 우리는 그들의 머리맡에 앉아 있다가 몇 번이고, 우리는 강하다는 것을 보여준다.

> 나는 나의 위로와 힘을 필요로 하는 자들에게 그것을 줄 수 있어 자랑스럽다. 나를 위로하는 자들에게 감사한다.

0410

친구란 내가 진솔해질 수 있는 사람이다. 그의 앞에서라면, 생각에 잠겨 혼자 중얼거릴 수도 있다

— 랠프 왈도 에머슨 (Ralph W. Emerson) —

몇 년 동안 소식이 끊어졌던 옛 친구에게 무슨 일이 있는지 궁금할 때가 있다. 우리는 우정을 소홀히 할 정도로 바쁜 생활에 얽매이는 때가 있다.

타인에게 손을 내미는 발걸음을 내딛음으로써 관계를 새로 만들고 강화할 수 있다. 오래된 교제도 회복할 수 있다. 친구들도 우리에 대해서 궁금해했다는 것을 알 수 있을 것이다.

오늘, 펜과 종이를 마련해서 그들에게 편지를 쓸 수 있다. 옛 친구에게 일어난 일을 알고 그들이 우리 머릿속에 있다는 것을 알릴 시간은 바로 지금이다.

> 옛 친구를 잃으면 천하를 잃는다는 말이 있다. 오늘은 묵은 수첩을 꺼내서 그 속에 잠들어 있는 옛 친구 이름들을 깨워야겠다.

0411

<u>궁지에 몰리고, 만사가 어긋날 때,</u>
<u>한순간도 더 이상은 버틸 수</u>
<u>없을 것 같을 때까지,</u>
<u>포기해서는 안 된다.</u>
<u>그곳이 상황이 변하는 장소이며</u>
<u>시간인 것을</u>

— 해리엇 비처 스토우 (Harriet Beecher Stowe) —

우리 자신을 너무 빨리, 너무 길게, 너무 자주 다그칠 때가 있다. 육체적으로나 정신적으로 더 이상 나아갈 수 없는 순간을 정확하게 알고 있더라도 우리는 견뎌낼 것이다.

우리가 너무 지나쳤다는 것을 다시 한 번 알게 될 때, 그때가 바로 낮잠을 자고 감정을 잠재울 연습을 할 시간일지도 모른다. 아니면 친구나 가족과 같이 있기를 선택할 수도 있다.

한순간만 더 견뎌낸다면, 상황은 우리에게 유리하게 돌아갈 것이다.

✈ **나는 가장 힘겨운 날이라도 견뎌낼 수 있다.**

0412
위기의 사건은 삶을 고정시키는 환영을 작렬시킨다

— 로버트 베닝가 (Robert Veninga) —

위기가 발생할 때(가족문제나 경제적인 좌절, 친구의 상실) 상황을 정리하려고 고집스럽게 노력하지만, 결국 자기 연민이나 분노 혹은 슬픔에 빠질 뿐이다.

하지만 얼마 지나지 않아, 우리가 모든 멍에를 지고 모든 문제를 풀어야 할 필요는 없다는 것을 깨닫기 마련이다. 가끔은 바뀌지 않는 상황을 그대로 수용하는 것 말고 다른 해답이 없을 때도 있다. 변할 수 있는 것은 이 사실에 대한 우리의 반응이다. 전에도 그랬듯이, 우리는 새로운 상황에 맞추어 우리 삶을 건설할 수 있다. 우리 자신이 더 성숙해질 수 있도록 나아가는 것이다.

✈ **나는 매일매일이, 모든 경험이 성장의 기회임을 안다.**

0413
눈물은 영혼에 내리는 한여름 소나기이다
—알프레드 오스틴 (Alfred Austin)—

인생을 통틀어, 시간이 모든 상처를 치유한다는 말을 듣는다. 그리고 시간이 해결하지 못하면 의사가 치유해줄 것이라는 말을 듣는다.

난치병이라는 진단을 받는 것만큼 힘이 드는 일도 별로 없을 것이다. 난치라는 뜻은 영원을 뜻한다. 우리에게는 영원히 사라지지 않는 문제란 생각하기조차 어려운 것인데 말이다. 우리는 눈물에 눈물을 거듭하며 울 것이고, 눈물이 영원히 마르지 않을 것 같다는 생각을 할 것이다.

애통함은 우리가 '영원'이라는 멍에에서 감정적으로 치유받기 시작하는 방법이다. 우리가 흘리는 눈물은 우리의 생각과 몸을 깨끗하게 만들어 남은 여생에 한 걸음 나아갈 수 있도록 도와준다. 오늘, 슬픔과 흐느낌은 우리의 성장을 도와줄 것이다.

✈ 내 가슴에 고인 순수의 눈물을 흘리겠다. 눈물은 삶과 더불어 나아가도록 나를 도울 것이다:

0414
여러분은 자신이 있을 곳을 골라야 하는 당사자이다

— 제임스 알렌 (James Allen) —

우리는 각자 장애를 갖고 있다. 어떤 장애는 다른 사람들보다 눈에 잘 띄는 경우도 있지만 말이다. 그 장애라는 것은 육체적인 한계일 수도 있지만, 충만한 삶의 향유나 약속을 방해하는 감정이나 느낌, 자세인 경우도 있다. 장애는 우리가 걷고 말하는 방법에 대한 이미지상의 문제이거나 당황스러움일 수도 있고, 아니면 난치병일 수도 있다. 우리 모두가 한 가지 이상의 장애를 갖고 있다는 것은 분명하다.

풍성한 삶은 우리의 어려움을 극복하고 그중에 어느 것을 먼저 할 것인지 결정하는 능력에 달려 있다.

나는 세상에서 특별한 공간을 만들어, 최상의 기대대로 되도록 노력하겠다.

0415
그저 만사가 다르기 때문이라는 것은, 무엇이든 변했다는 것을 의미하지는 않는다

— 이언 피터 (Irene Peter) —

변화는 우리가 의식하지 않는 사이에 서서히 일어나기도 한다. 세부적인 내용이나 정황이 변했다고 하더라도, 우리 인생의 진정한 의미는 예전과 똑같다는 것을 알게 될지도 모른다.

우리는 아직도 우리가 세운 목표에 도달하기 위해 고군분투한다. 우리 삶의 경험 속에서 끊임없이 의미를 찾고, 발견하고 있다. 분명히 우리는 변했고 사태도 많이 다르지만, 마음속에는 늘 있어 왔던 우리 각자의 독특한 인격체를 끊임없이 간직하고 있다.

> 나는 언제나 눈부신 성장을 이룰 수 있는 사람이었다. 나의 성장에 도움이 되는 변화를 만들 수 있음을 감사한다.

0416

헝클어진 감정의 세계에 진정한 진보는 개인에 의해 이루어져야 한다. 우리는 자신만의 영혼의 거울을 들고 거기에 비치는 모습을 뚫어지게 바라보아야 한다

— 버나드 S. 라스카스 (Bernard S. Raskas) —

책임을 다하는 것은 가진 것이 무엇이든 우리에게 헤쳐나가는 능력이 있다는 것을 암시하는 문구이다. 우리는 음식이나 돈, 의복이라는 용어로 표현되는 생각들은 가지고 있지만, 건강이라는 단어로 표현되는 생각은 좀처럼 하지 않는다.

우리의 한계를 극복하려는 노력을 시작하지 않았다면, 우리는 자기 연민이나 분노와 같은 부정(不正) 속에 빠져들지도 모른다. 자기 패배적인 사고에 너무 빠져들게 되면 진정한 기회를 키우고 보게 될 우리의 능력을 잃어버리게 된다. 허약한 건강이나 거동의 불편함이 가져다주는 불공평함에 분노하는 대신, 여전히 우리가 가지고 있는 강인함과 시간, 능력 그리고 창의성을 가지고 책임을 다할 수 있다.

🛩 나에게 있는 것을 사용할 것이며, 나에게 없는 것을 한탄하지 않겠다.

0417
위대하며 영광스런 인간의 걸작은 의도한 대로 살아가는 법을 아는 것이다
— 몽테뉴 (Montaigne) —

삶이 우리에게 끊임없이 위기를 던진다면, 자기 가치에 대한 우리의 느낌은 하루가 다르게 바뀔 것이다. 우리 자신을 거둘 수 있는 사람은 우리뿐이라는 사실을 깨닫기 시작한다.

새롭고, 좀 더 현실적인 목표, 손을 뻗을 수 있는 목표를 설정하여 문제를 해결할 수 있다. 그렇게 되면 손상된 자존심은 다시 한 번 완전한 모습을 되찾기 시작할 것이다.

> 진취적인 목표를 설정하고 하고 싶은 일들을 함으로써 나 자신을 잘 보살필 것이다.

0418
병을 숨기는 자는 치료를 기대할 수 없다
— 에티오피아 속담 (Ethiopian Proverb) —

우리가 살아남을 수 있는 방법 가운데 하나는 타인을 대할 때 필요한 자신감을 개발하는 것이다. 우리의 문제가 타인들이 우리에게서 받는 첫인상이 되어서는 안 되지만, 우리의 진정한 자아를 그들에게서 숨긴다면 그것이 우리가 보일 수 있는 전부이다.

우리 자신을 무대 중앙으로 내보내고 적극적으로 삶을 꾸려 나갈 때, 우리가 내보일 수 있는 것(우리가 얻는 것)은 너무나 많다.

🖂 **나는 은신처에서 빠져나와 모든 새로운 도전에 맞서도록 나 자신을 격려할 것이다.**

0419
의미 있는 용기는
어려움이 닥친것을 보지는 못하지만
어려움을 극복할 수는 있다

— 미뇽 매클로글린 (Mignon McLaughlin) —

다시 한 번, 하루를 시작할 수 있을까? 잠에서 깨어나, 잠시 누워 생각에 잠겨 있는 동안, 부산한 아침의 소음이며 풍경들이 침실 창문을 통해 스며든다. 우리는 속으로 생각한다.

'아, 이렇게 피곤하고 지친 몸과 쑤시고 결리는 근육으로 한 번만 더 하고 싶은 일들을 할 수 있을까?'

새날을 맞이하기 위해서는 하루를 맞이하고, 근육을 움직이는 강인함이 필요할 것이다. 우리가 젖 먹던 힘까지 모을 때 침묵의 기도가 우리의 입술에서 흘러나올지도 모른다. 우리는 이상하리만치 강인한 사람들이다. 건강상의 문제가 있다는 것은 전에는 사용되지 않은 채 버려졌던 힘의 원천을 깨닫도록 한다. 우리 안에 있는, 담당의사에게 있는, 전능한 내 자신의 신에게 있는 이 강인함을 향해 팔을 벌린다. 우리는 일어나 삶을 헤쳐나간다.

> 나에게는 지금, 눈앞에 두 가지 선물이 있다. 오늘, 그리고 오늘의 강인함이다.

0420
나에게 내 마음은 왕국이니, 그 안에서 모든 희열을 능가하는, 존재하는 기쁨을 나는 발견하네

— 에드워드 다이어 경 (Sir Edward Dyer) —

은밀한 생각의 범주 안에서, 우리는 성을 지을 수도 있고 온갖 세상사를 다 해결하는 꿈을 꿀 수도 있다. 영웅이나 구조자로 자신을 그려보던 어린아이처럼 우리는 아직도 몽상에 젖어 있을 때가 있을 것이다.

성숙은 젊은 자아라면 절대로 이해할 수 없는 것을 우리에게 준다. 타협을 항복으로 볼 필요는 없다. 우리에게 그것은 행동을 의미할 수도 있다. 이루어질 수 없는 꿈의 현실에 직면할 때, 원래의 꿈만큼 소중할 뿐만 아니라 성공까지도 안겨주는 새 꿈을 건설하면서 타협할 수 있다.

🛩 **나의 꿈은 아직도 삶의 여정을 정할 수 있다.**

0421
일상생활에서 우리 앞에 무엇이 놓여 있는지 아는 것은, 으뜸가는 지혜이다

— 존 밀턴 (John Milton) —

어른이 된다는 것은 쉽지 않다. 삶의 여로를 걸어가며 우리는 수수료를 지불해야만 한다.

자, 보자. 우리가 얼마나 힘겹게 일을 하여 여기까지 왔는지를! 즐거움은 항상 가까이에서, 아무나 가져가라며 기다리고 있다. 전에 우리가 즐겼던 형체 없는 가치들이 모두 가까이에 있다. 사랑, 명예, 신뢰, 일상에서 벌어지는 일들을 헤쳐나가며, 우리의 삶이 파멸인지 성공인지, 기쁨을 창조할 것인지 슬픔을 만들어낼 것인지는 우리 혼자서 결정할 수 있다. 상황이나 건강의 변화가 기쁨이 넘치는 삶이 끝났다는 것을 의미하지는 않는다. 그러나 변화는 우리가 더 큰 감사와 깊은 이해를 가지고 삶을 좀 더 현명하게 살아가도록 도울 때도 있는 것이다.

✈ 나는 오늘, 기쁨이 넘치는 삶을 발견하고 받아들이겠다.

0422
우리는 성숙한 사람이므로 우리 자신을 사랑하지 않는 법을, 우주를 터무니없이 병적으로 오해하지 않는 법을 배워야 한다

— 조수아 로스 리브먼 (Joshua Loth Liebman) —

크고 작은 성공을 얻을 때마다, 우리에게는 자신을 대견해 하는 경향이 있다. 작은 아이들이 조그만 성공을 놓고도 기쁨에 넘쳐 두 손으로 짝짝짝, 손뼉 치는 것을 보았다. 그것은 자연스러운 인간의 본성이다.

사람들이 모두 알아볼 수 있는 특별한 시기(직업에서의 성공, 새 아기나 손자의 탄생)에 칭찬받는 것을 배운다. 하지만 우리가 칭찬받을 만한 자격이 있음을 깨달을 수 있는 유일한 사람이기 때문에, 우리의 갈채는 은밀해야(우리 자신 외에는 아무도 소중히 여기지 않아야) 한다.

> 내가 인생의 어느 단계에서 성공을 이룰 때, 내적인 자부심을 가지고 흐뭇한 마음을 가질 것이다.

0423
천하의 범사에는 기한이 있고 모든 목적을 이룰 때가 있나니

— 전도서 3:1 (Ecclesiastes 3:1) —

우리 인생의 시간과 공간은 모두 의미와 가치를 지닌다. 과거에 무슨 일을 했는가와 관계없이, 과거의 행동을 자랑스러워하건 부끄럽게 생각하건 간에, 우리의 지배력이 미치는 유일한 시간은 바로 지금이다. 삶의 방향감각이 없다면, 일상의 능력과 목표가 없다면, 우리가 가고 있는 것이 어딘지도 모른 채, 삶에서 새로운 시기에 정처 없이 방황할지도 모르겠다.

우리 삶의 현실은 건강이 변한다는 사실이다. 이 현실을 어떻게 다룰 것인지 결정할 수 있는 사람은 바로 우리 자신뿐이다. 우리는 과거의 어떤 시간과 공간을 안타깝게 돌아볼 수도 있고, 이상과는 멀어진 현실이지만 최선을 다하여 지금 여기에서 살 수도 있다. 선택은 우리 몫이지만, 두 번째 선택만이 우리의 삶에 의미와 목적을 안겨준다.

 나는 과거에 살면서 오늘을 헛되이 하지 않겠다.

0424
희망이 사라질 때 투쟁하기 위해, 삶의 소금이 다했을 때 살기 위해! 사라진 꿈속에 머물기 위해 참으며, 침착하게 전진하기 위해

— 벤 존슨 (Ben Jonson) —

우리는 자신의 꿈이 창조한 저택에서만 머물 때가 있다. 하지만 꿈속의 방이 우리가 찾는 유일한 장소일 때, 현실은 삐걱거리는 소리를 내며 현실로 몰아낸다. 그럴 때면 두 가지 선택밖에 남지 않는다. 전진하는 것, 혹은 여전히 과거에 묻혀 사는 것. 미래가 없는 것처럼 보이는 바로 그때, 다시는 정상적인 인생을 살 기회가 없는 것 같아 보이는 바로 그때, 희망의 실낱이 솟아오르고, 우리는 전진하기 위해 힘겹게 싸운다.

아직 견딜 수 있다는 인식은 희망을 불러일으켜 침착하게 전진하는데 도움을 준다.

> 꿈은 나에게 소중하지만, 하루하루 살아남을 수 있도록 현재에서 살 것이다.

0425
사람은 누구나 제 힘으로 살아야 한다
— 토마스 풀러 (Thomas Fuller) —

인생의 목표를 달성할 때마다, 우리는 말할 수 없는 자부심을 느낀다. 직장이나 학교 등, 그 어느 것 할 것 없이 목표를 달성하는 것은 개인적으로 뿌듯한 것이다.

난치병이 건네는 도전장은 우리의 목표가 아직도 쓸모 있으며 실현 가능하도록 의식하는 것이다. 변화하기보다 불평을 늘어놓는 데 우리의 시간을 소모한다면, 병을 안고도 성공적으로 살아가는 법을 절대로 배울 수 없다. 병은 떠나지 않을 것이며 세상은 결코 예전과 같지 않을 것이다. 이 사실을 받아들인다는 것은 굉장한 도전이다.

> 내 안에 있던 신념은 병의 진전으로 쇠약해졌다. 그러나 아직도 나 자신에게 의지할 수 있다는 사실을 막 깨닫고 있다.

0426
친절은 그 자신의 동기가 될 수 있다. 친절을 베풀면 친절하게 된다

— 에릭 호퍼 (Eric Hoffer) —

타인에게 건네는 우리의 단순한 말 한마디가 우리의 하루를 환하게 만들 수 있다. 우리는 개인적인 인생의 불행에 사로잡히고, 너무 얽매인 나머지 다른 사람들에게 손을 내밀 수 없을 때가 많다.

타인에게 건네는 친절한 말과 행동은 견디기 힘든 시간을 극복하는 데 도움이 될 수 있다. 식품점 계산대에 홀로 서 계신 노인을 향해 친절하게 대하는 청년에게 고맙다는 말을 건넬 수도 있다. 우리 삶을 잠깐 스쳐 지나가는 사람들에게 수십 가지 방법으로 손을 내밀 수 있는 것이다. 이는 그들에게, 그리고 우리에게도 좋은 일이다.

> 나의 이웃과 친구들에게 친절하게 손을 내밀기 위해 내 남은 노력을 다 할 것이다.

0427
고독, 찾아가기엔 좋은 곳, 하지만 머물기엔 초라한 곳

— 조안 빌링스 (Joan Billings) —

자리에 앉아 생각에 잠기거나, 음악을 듣거나, 아니면 그냥 침묵을 즐기는 시간이 필요 할지도 모르겠다. 하지만 고독이 삶의 한 방식이 될 때, 쓸쓸함으로 이끌고, 외로움은 자기연민으로 끌고 갈 수도 있다. 이것은 위험한 태도이다.

우리는 고독을 향한 욕구를 지닌 채 현실의 팽팽한 줄 위를 걷는다. 홀로 있을 필요는 있지만, 고립될 필요는 없다. 고독 안에서 명상과 기도를 통해 평온을 찾을 수 있다. 일단 활력을 다시 회복하고 나면, 친구를 집에 초대하거나 고통 속에 있는 타인에게 손을 내밀어 우리의 삶의 균형을 되찾기가 훨씬 수월해질 것이다.

> 나 자신에게 고독이라는 형벌을 강요하지 않겠다. 나는 여전히 소중한 사회 구성원이다.

0428
음악이 있는 곳에는 사악함이 없다
— 세르반테스 (Cervantes) —

라디오에 달라붙어, 귀를 쫑긋 세운 채 좋아하는 이야기나 노래를 들으며 어린 시절을 보낸 사람들이 많다. 우리는 일상의 대부분을 음악을 들으며 채워 나간다. 음악을 가까이하는 즐거움은 결코 줄일 필요가 없다.

우리 가슴속에 있는 노래가 저절로 터져 나와, 추억과 우리 일상에 온기를 더한다. 음악은, 의식의 표면으로 솟아오르며, 별처럼 반짝이는 눈동자를 만들어 내고 수줍음이 심한 사람의 얼굴에도 기쁨의 미소를 짓게 만들 수 있다.

우울한 분위기를 끌어올리기 위해 슬픔을 떨쳐 버리기 위해 음악이라는 마술을 사용해 보자. 음악을 듣고 있노라면, 잠깐 동안 우리의 문제를 잊을 수 있다.

음악을 사랑하는 것은, 우리가 어디를 가든 항상 간직하게 될 특별한 행복의 샘물이다.

> 나는 음악을 듣거나 연주하면 가장 따스한 느낌이 솟아오르고, 터질 듯한 행복감을 느낄 수 있다.

0429
자신을 향해 처음으로 마음 놓고 웃는 날, 어른이 된다

— 에델 배리모어 (Ethel Barrymore) —

항상 진지하여 인생의 즐거운 면을 볼 수 없다면, 와병 중에 휴식은 없을 것이다. 우는 것보다 웃는 데 쓰이는 근육이 더 적다. 웃으면 숨을 깊이 들이마시게 되어, 만족감도 더할 것이다.

다른 사람들이 웃는 이유에 주의를 기울이고 그들과 함께 웃는 법을 배우도록 마음먹을 수 있다. 매일, 아니 매 시간 긍정적인, 혹은 유머러스한 인생의 측면을 찾도록 노력하자. 웃음은 사물에 대해 전망을 가질 수 있도록 도와주기 때문이다. 웃음은 인생에 대한 희망과 의미를 제공한다.

🍃 나는 눈을 열어 인생의 즐거운 면을 보도록 할 것이며 타인과 더불어 웃을 것이다.

0430
세상이 비록 고통으로 가득하더라도, 그것을 극복하는 힘도 가득하다

― 헬렌 켈러 (Helen Keller) ―

쉽게 낫지 않는 건강상태로 인해 날마다 되풀이되는 고통과 괴로움에 짓눌리기 쉽다. 우리는 열심히 노력하지만, 그저 병과 고통이라는 형식으로만 생각할지도 모른다.

가끔은 나 자신에게 친절한 생각이나 따스한 장소를 마련하기가 어렵다. 고통과 좌절, 냉소로 우리 삶에 그늘을 드리운다면, 고요한 일상의 경계 안에서 긴장을 풀고 쉴 수 없게 된다.

매일매일 새롭고 신선하게, 기뻐하고 감사하며 맞는 것은 우리에게 달려 있다. 행복으로 가는 장애물을 극복하는 것도 우리에게 달려 있다.

> 오늘, 나 자신의 행복에 책임을 지겠다.

5월
MAY

인생을 무사히 마칠 수 있기를
기대하지만 기회는 한 번뿐이다.
그러므로 나의 친구에게
보여줄 수 있는 친절함,
혹은 내가 해줄 수 있는 선행이 있다면,
지금 당장 해야 한다.

─윌리엄 펜─

0501
꽃잎은 바람에 흩어지고 바람은 거칠 것이 없는데, 가슴속 꽃잎을 건드리는 바람은 없네

— 요시다 켄코 (Yoshida Kenko) —

　인간적이거나 은밀한, 혹은 영적인 감정은 우리 안에 펼쳐진 꽃과 같다. 그곳에는 다른 꽃도 있다. 우리와 너무도 친밀한 사람들을 향해 품고 있는 사랑과 배려는 끊이지 않는 즐거움을 주는 활짝 핀 꽃들이다.

　바람에 날리는 꽃을 보면서 아무런 감흥이 일지 않을지도 모르지만, 바로 그 꽃들이 씨앗으로 시작해 여름철이 가기 전에 활짝 피어나는 것에 우리는 경외감을 느낄지도 모르겠다. 자연의 경이로움은 기적과 같다. 인간의 경이로움도 마찬가지이다.

> 내 마음속 깊은 곳에 있는 감정은 내 안에서 피어나고 자라, 성숙과 타인을 향한 사랑이라는 열매를 맺는다.

0502
지혜는 최상의 수단으로 최상의 결과를 추구하는 것이다

— 프랜시스 허치슨 (francis Hutcheson) —

어렸을 때 이렇게 말했던 게 생각날 것이다.
"어른이 되면, 난 무엇이 될까?"
어찌 된 일인지 마법과도 같은 그 순간은 절대 오지 않는다. 우리는 매일 조금씩 자라지만 변화는 서서히 온다.

일상이 일련의 선택으로 이루어진 것을 알아차릴 때 우리는 성숙했음을 깨닫는다. 건강이 악화되면 그런 선택이 약간 변하겠지만, 그래도 아직 선택의 기회는 있다.

건강의 상태를 다스릴 기회는 없지만, 포용과 더욱 적극적인 자세를 지닌 채 성장할 수 있다. 자신을 위해 우리는 최상의 결과를 이룰 수 있다.

어떤 선택은 원래 계획한 것과는 다를 수 있겠지만, 삶이 지금 내게 건네는 최상의 선택을 할 수 있다.

0503
가슴속으로, 우리 모두는 세상 모든 것보다 우월하다고 느낀다. 그것은 우리 자존심과 인내의 바탕이기도 하다

— 솔로몬 이글 (Solomon Eagle) —

우리는 서로 똑같으면서도 또 얼마나 다른지 모른다.

다름은 사람들 각자를 아주 특별하게 만드는 것이다. 우리가 감히 차이점을 드러내고자 할 때, 우리 모두의 노력과 경험은 눈부신 빛을 띠며 우리의 삶과 타인의 삶을 드높일 준비를 한다.

우리의 독특함이 가장 유용하게 쓰이는 곳을 찾기 위해서는, 각별한 노력이 필요할지도 모르겠다. 실제로 우리 자신에게 걸맞은 장소를 창조해야 할지도 모른다.

🕊 나의 다름을 약점이 아니라, 선물이자 강인함으로 받아들이겠다.

0504
열심히 일했고, 음식을 얻었다
나는 가장이었으니까
— 엘리제 맥클레이 (Elise Maclay) —

허약해진 건강으로 인해 우리가 살아가는 삶의 방식이 약간 변할 때, 어렵기는 하지만 적응은 가능하다. 하지만 허약해진 건강이 우리가 살아가는 삶의 방식을 바꾸고 경제적인 생계문제까지 위협할 때, 적응은 훨씬 어렵다.

쉽게 치유되지 않는 건강상태로 고통을 받는 사람들은 직장을 그만두어야 할지도 모른다. 전망을 회복하여, 우리가 일을 하는 것과는 상관없이, 우리에게는 여전히 인간적인 가치가 있다는 것을 깨닫는 데는 얼마간의 시간이 필요할지도 모르겠다. 가장 중요한 문제는, 우리의 직업이 아니라, 우리가 어떤 종류의 인간인가에 있다.

내가 선택하지도 반기지도 않았던 것을 삶은 내게 건네주었지만, 나만의 응답은 선택할 수 있다.

0505
자신의 모습을 사랑하도록 배워야 한다. 어디를 가든 당신의 모습으로 있기 때문이다

— K. 오브라이언 (K. O'Brien) —

　육체적, 정신적 건강의 변화로 인해 우리의 자존심이 짓밟힐 수 있다. 우리가 직면해야 하는 책무 가운데서 제일 고역인 것은 미래의 모습이 아니라, 바로 지금의 내 모습을 수용하는 법을 배워야 하는 것이다.

　우리는 매일매일 할 수 있는 최선의 작업을 하고 있다고 스스로 다짐할 권리가 있다. 자신을 포용하면 전에는 몰랐던 평온함이 찾아온다. 이것이 체념을 뜻하지는 않는다. 아니 오히려, 우리가 성장할 수 있는 토대를 제공한다. 내가 처한 위치, 오늘 내 모습을 포용하면 부족한 부분을 인정할 수 있는 진솔함이 생긴다. 앞으로 전진할 수 있는 확신을 준다. 이렇게 낯설고 원치 않는 멍에를 지고도, 우리는 성공하고 있다고 자부할 수 있는 것이다.

> 나의 병은 내 모습을 바꾸지 못했다. 삶의 여정은 바뀌었지만, 내가 갈 길은 그대로이다. 전진하는 것이다.

0506
걱정은 아이와 같아서 키우면 자라난다

— 레이디 홀랜드 (Lady Holland) —

걱정거리 때문에 괴로움에 빠져 지내기만 한다면, 걱정은 더 커진다. 그리고 곧 걷잡을 수 없이 부풀려진다.

특별히 걱정할 시간을 따로 정해 놓는 것도 괜찮을 듯하다. 매일 정해진 시간에 걱정에 빠질 수 있다는 것을 안다면, 마음속에 있는 걱정스러운 생각을 몰아내기가 훨씬 수월해진다. 이렇게 '걱정하는 시간'이 있으면 이러한 문제를 가슴속에 담고만 있을 것인지 아니면 그냥 없어지도록 내버려두기만 할 것인지 결정할 기회가 우리에게 생길 것이다. 그리고 매일 어느 정도 진지하게 생각하는 시간을 갖고서 그 문제에 접근한다면, 인간적인 성장, 가치의 개발과 같이 인생의 훨씬 중요한 일들에서 우리의 마음이 자유로워질 수 있을 것이다.

✈ 나는 근심과 즐거움 사이에서 행복한 균형을 잡겠다.

0507
신념은 균형 감각과 평온함, 그리고 희망을 회복하는 데 탁월한 효과가 있다

―로버트 베닝가 (Robert Veninga)―

인간의 본성 가운데 가장 재미있는 부분이 있다. 잘 나갈 때, 우리는 내면의 신에 대해서 단 몇 초도 생각하지 않는다. 그런데 어떤 종류의 위기를 겪었을 때, 대부분의 사람들은 한동안 자신들의 믿음을 잃어버리는 것 같다. 요컨대 우리의 건강이 처음으로 악화의 기로에 들어섰을 때 '왜 하필 나인가?' 하고 묻지 않았던 사람이 우리 가운데 있는가? 그런 시기에 우리 믿음에 회의를 가지는 것은 당연한 일이다.

건강의 위기는 때로 영혼의 갈망과 영적 탐구를 자극하기도 한다. 우리 모두가 알고 있듯이 인생이 뒤죽박죽 엉망이 되었을 때는 정리할 시간이 필요하다. 시간이 한참 흐른 후 우리는 영적인 믿음에 대해 새로워진 힘을 가지고 돌아온다.

> 내면의 신을 향한 믿음이 한동안 쇠약해졌을 수도 있지만, 믿음은 항상 그곳에 있다는 것을 알기 때문에 위로를 받는다.

0508
여가는 사람에게 주어진 책임 가운데서 가장 매력적인 것이다

— 윌리엄 러셀 (William Russell) —

우리는 노동 지향적인 집단이다. 어린 시절, 우리는 숙제며 집안일을 하도록 가르침을 받았다. 소꿉장난을 하거나 일을 하고 있는 척 꾸며댔을 지도 모른다.

그렇다. 놀이는, 특히 어른들에게는 정말 도전이다. 노동 인구 속에서 보낸 하루, 혹은 질병이나 고통의 가혹함을 극복하기 위해 보낸 하루로 인해 복잡한 생각으로 우리 의식이 가득 차 있을 때면 차분해지기가 좀체 어려울 수 있다.

여가 시간은, 그것을 어떻게 하면 창조적으로 채울 것인지 모를 경우에는 우리에게 짐이 될 수도 있다.

우리의 직업이 무엇이든지 집에 머물거나 떠나 있는 것과는 상관없이, 일을 끝냈을 때 여가 시간을 따로 낼 수 있다. 노는 시간은 신성해야 한다. 아무 근심 없이 자발적으로 우리의 필요에 영양을 공급하는 특별한 시간이기 때문이다.

> 놀기 위해 여가 시간을 이용하는 것은, 정신적으로나 육체적으로, 나를 더욱 건강하게 만들 것이다.

0509
어둡고 불편한 세계, 가정생활! 그곳에서는 위대한 자가 실패하고 겸손한 자가 성공한다

— 랜달 재럴 (Randall Jarrell) —

우리는 어린 시절부터 어른으로 성장해서까지 감정의 짐을 너무 많이 메고 다닌다. 우리의 모든 경험이 합쳐지면 우리의 인격, 그리고 제일 중요한 영적 자아가 형성된다. 소중한 기억, 행복에 겨웠던 시간들이 우리 마음속에서 우러나오는 경우는 별로 없다. 불쾌한 감정, 슬픈 추억, 힘겨웠던 시절, 이것들을 우리는 제일 많이 기억하고 있을지도 모른다.

우리의 출신과 직업이 성인이 된 우리를 규정하는 모든 것이 되어서는 안 된다. 과거의 경험과는 상관없이, 그것을 인정해서 옆으로 밀어놓고, 우리 삶을 전진시킬 수 있는 시간이 올지도 모른다.

> 과거는 묻어두고 희망과 약속의 미래를 바라볼 수 있다. 내가 추구하는 것은 전진이지, 완성이 아니다.

0510
80세로 태어나서 18세로 서서히 젊어질 수만 있다면 인생은 한없이 행복할 텐데

— 마크 트웨인 (Mark Twain) —

인생에 세월의 두께가 쌓인 후에야, 우리 모두는 열여덟 살 시절이 얼마나 좋았는지 깨닫는다. 우리는 대개 본인에 대해서만 책임을 질 뿐이었다. 가늠자를 보는 시력은 언제나 정상이었다.

세월이 흐르면서 우리가 개발한 총구가 이제는 우리의 이익을 위해 이용된다는 사실은 얼마나 멋진 일인지 깨닫는다. 나이 든 사람들이 젊은 사람들을 이끌고 가르치는 것은 당연하다는 사실을 이해한다. 인생의 경험에 대가를 지불하는 것(기쁨과 슬픔)이 늘 쉽지만은 않았다. 우리는 이제 우리의 것이 된 지혜를 얻었다.

> 젊은 시절 현명할 수 없었기에, 나이가 들수록 성숙해지며 얻은 지혜가 나에게 많은 도움이 될 것이다.

0511
감정은 한계가 없다.
감정은 표현할수록,
표현할 것이 더 많아진다

— E. M. 포스터 (E. M. Forster) —

여러 번 바른 페인트와 마찬가지로, 감정 표현에 대한 우리의 저항도 벗겨질 수 있다. 우리는 건강의 악화로 인해 더 이상 노력을 기울이기를 원치 않는 것처럼 느껴지기도 할 것이다. 자신 속으로 움츠러들어, 모험이나 상처, 혹은 실망에서 나오는 우리의 감정을 고립시켰을지도 모른다.

바로 지금이 힘겹지만 오래도록 우리 자신을 살펴보기에 좋은 시간인지도 모른다. 느낌에 대해 언급하지 않고 감정을 타인과 함께 나누지 않으면서 나는 나를 보호하고 있는 것일까? 두려움과 외로움, 고통의 외피층이 벗겨지기 전까지는 우리의 감정에 닿을 수 없다. 놀랄 만한 일처럼 보이겠지만 감정을 내보이고 타인에게 진실로 솔직해지기 시작할 때, 비로소 더 큰, 더 깊은, 그리고 더 사랑스러운 감정을 표현할 수 있게 되는 것이다.

🕊 나와 절친한 이들에게 내 감정을 솔직하게 표현할 것이다.

0512
매일매일이 상원절(중국의 명절, 1월 15일) 일 수는 없다

— 중국 속담 (Chinese Proverb) —

    우리는 대부분 인생이 따분하고, 매일매일이 너무 뻔하고 판에 박힌 것 같다고 느낄 때가 있다.
    '뭔가가 부족해.'
    '이런 생활보다는 더 그럴 듯해야 하는데.'
    우리는 속으로 생각할지도 모른다.
    바로 그럴 때 삶을 하나의 여정으로 생각하도록 마음을 추스를 수 있다. 긴 여행을 하는 것과 마찬가지로 인생이란 여행에서도 풍경이 단조롭고 감동이 없을 때가 있다. 하지만 우리는 계속 나아간다. 우리 인격의 성장 속에서 전진하다 보면 우리의 자세도 개선된다. 판에 박힌 것은 나쁜 것이 아니며, 그것으로 인해 우리 일상에 형식과 균형이 잡힐 때 우리 인생에 유익한 요소가 될 수 있다. 즉 판에 박힌 것은 새로운 프로젝트에 달려들거나 변화를 꾀할 시간과 에너지를 우리에게 줄 때도 있는 것이다.

> 오늘, 인생의 평온함을 즐길 것이다. 이 평온 안에서, 나의 삶을 한층 풍성하게 만들 꿈을 꾸고 계획을 짤 것이다.

0513
인내와 용기는 모든 것을 정복한다
— 랠프 왈도 에머슨 (Ralph W. Emerson) —

어렸을 때, 생일이나 명절같이 특별한 행사를 기다리던 생각이 나는가? 기다림은 끝이 없을 것 같아 보였다. 어른들께서는 이렇게 우리를 나무라시기도 하셨다.

"인내심을 가져야 한다. 세상만사는 기다리는 사람에게 이루어진단다."

우리 부모님이 말씀하신 것과 똑같이, 정신없이 지내다 보면 시간이 생각보다 빨리 지나간 것 같은 느낌이 들 때 우리는 늘 화들짝 놀랐다. 어른이 되어서는, 문제를 정복할 수 있는 길은 문제가 사라질 때까지 기다리는 것뿐이라는 말을 듣는다. 우리가 할 수 있는 것은 아무것도 없다. 고대하던 사건이나 뉴스가 아무리 중요하다고 하더라도, 어린 시절 생일이 빨리 돌아오기를 기다렸던 것처럼, 시간을 앞당길 수 없기 때문이다. 그때와 마찬가지로, 이제 우리에게 남은 유일한 선택은 인내심을 갖고서 바쁘게 지내는 것뿐이다.

 예전처럼 건강하지 못한 지금, 나는 진정한 인내의 가치를 배우고 있다.

0514
진정한 친구는 모든 소유물 가운데서 가장 귀중한 것이다

— 라 루쉐푸콜드 (La Rouchefoucauld) —

난치병이 우리 삶에 들어왔을 때, 우리는 우리 자신에게 사로잡히게 된다. 처음에는 미래가 두렵고 불확실하기 때문에 자기중심적인 태도를 벗어나기가 어렵다.

매일 병의 증상에 대해서 늘어놓는 따분한 장광설로 절친한 친구와 소원해지는 때가 바로 그때이다. 차차 우리는 병은 삶의 일부분일 뿐이며, 병에 대해 자세히 늘어놓는 것은 아무 효과도 없는데다가 우리의 우정도 금가게 할 수 있다는 것을 배운다. 병에 대한 집착이 가라앉을 때, 다시 한 번 타인에 대한 염려와 우정의 기초인 관심을 표현할 수 있게 된다.

> 나의 우정은 가치를 매길 수 없다. 친구를 얼마나 소중하게 생각하는지 그에게 알릴 것이다.

0515
꿈을 이루지 못한 부모의 삶 보다 아이에게 더 큰 영향을 끼치는 것은 없다

― 칼 융 (Carl Jung) ―

   난치병으로 인해 우리 관계의 결점이 두드러져 보일 때가 있다. 이유가 무엇이든 우리가 사랑하는 사람들, 특히 부모님을 향해 생기는 복잡 미묘한 감정과 싸울 때가 많다.

   비난이나 수식이 없었던 어린 시절을 되돌아보는 것은 우리를 치유할 수 있는 힘이다. 뒤를 돌아다보면, 우리의 부모님 역시 어린 시절의 영향을 받았다는 것을 깨달을 수 있다. 부모님은 필요한 보살핌과 사랑을 받으셨던가? 이렇게 부모님을 생각하다 보면, 우리 자신, 그리고 우리의 삶과 만나는 모든 이들에 대해 용서를 베풀면서 살 수 있는 마음가짐을 갖게 된다.

✈ **나는 용서하는 마음으로 부모님을 회상할 것이다.**

0516
인생은 경험의 연속이다. 비록 이를 깨달을 수 없을지라도 경험은 우리를 성숙하게 만든다

― 헨리 포드 (Henry Ford) ―

　우리의 삶에서 참을 수 없을 만큼 힘겨운 시기에는, 마침내 우리가 경험에서 득을 볼 것이라는 사실을 인식하기 어렵다. 목숨을 부지하기 힘들만큼 고통스럽고 가혹한 시기를 헤쳐나가면서, 성장하고 혹은 무엇인가를 배운다는 것을 깨닫지 못한다. 하지만 한결 잠잠해진 삶의 시간에, 통증도 없고 우리 몸에 주사 바늘도 꽂혀 있지 않을 때, 우리는 깨닫는다.

　'그래, 난 이걸 배웠어. 아니, 정말로 사건이 있었기 때문에 내가 성장한 거야.' 난치병도 다른 위기와 전혀 다르지 않다. 우리가 경험한 결과물로 우리 자신을 재산 목록에 기입하고, 더욱 건강한 태도와 강인한 성격을 발견할 수 있다.

> 나는 오늘 '나쁜' 경험으로 인해 내가 더욱 훌륭하고 더욱 성숙한 인간이 될 수 있었던 방법을 적어보는 시간을 갖겠다.

0517
근심을 하다 또 다른 걱정거리를 파헤칠 때, 당신은 자신이 묻힐 곳을 발견한다

— 작자 불명 (Anonymous) —

우리는 타인을 도울 수도 있지만, 그것이 정말 가슴속으로부터 우러나오는 것인가? 사람들은 동경이나 타인에 대한 배려로 행동하는 것어 아니라, 그것이 타인들이 그렇게 행동하리라 기대할 것이라고 느끼기 때문에 하는 것이다.

이타적인 태도로 타인을 돕는다면, 명성은 필요 없다. 도움이 될 수 있다는 것 외의 다른 저의는 없기 때문이다.

> 다른 사람을 도움에 있어 한순간도 머뭇거림이 없을 때 나의 이기적인 태도가 줄어들게 되었다는 것을 깨닫는다.

0518

고통은 살아 있는 존재의 일부분이며, 우리는 그것을 배울 필요가 있다. 고통은 영원히 지속되지도 않으며, 견디기 힘들 정도로 힘겹지도 않다

— 헤롤드 쿤셔 (Harold Kushner) —

뭔가를 잃는 것(사랑하는 이, 혹은 좋아하는 책, 우리가 이룰 수 있다고 생각했던 목표의 좌절에 이르기까지)은 깊은 상처를 남길 수 있다. 하지만 좋았던 건강의 상실은 우리가 당하는 고통 중에서 가장 큰 것일 수 있다. 나에게 친근하던 것, 혹은 기대하고 있던 것이 끝났음을 암시하기 때문이다. 장기간의 치료 상황에서 오는 고통은 육체적인 것만이 아니라, 정신적인 것도 있다. 우리는 변화를 헤쳐나갈 수 없을 것이라는 두려움에 빠진다.

그러나 때가 지나면, 다른 상실감에도 적응해 왔듯이, 우리는 최근에 생긴 이 상실에도 적응한다. 쇠약한 건강을 가지고도 할 수 있는 새로운 일상을 만들어낸다. 웃음이 다시 한 번 우리의 일상에 스며들 때, 절망조차도 영원하지 않다는 사실을 이해한다.

> 밖으로 손을 내밀어, 희망을 향해 나의 팔을 뻗는다. 나 자신을 돕는다는 생각으로 마음속을 들여다본다. 나는 점점 강해지고 있다.

0519
자살하고 싶은 생각은 크나큰 위로이다. 그로 인해 수 많은 끔찍한 밤을 성공적으로 보내기 때문이다

― 프리드리히 빌헬름 니체 (Friedrich Wilhelm Nietzsche) ―

우리들은 대부분 자살하고 싶은 생각을 한 번도 마음속에 품어본 적이 없는 척하지만, 생각이 섬뜩하게 변할 때가 많다. 그러면 두려움에 사로잡힐지도 모른다.

이런 생각들은 해로운 것 같아 보일 수도 있지만, 사실은 도움이 될지도 모른다. 자살하고 싶은 생각으로 인해 우리가 삶을 얼마나 소중하게 생각하는지 깨달을 수 있기 때문이다.

내 인생이 끝나는 순간에 대한 생각에 빠져 있노라면, 삶을 향한 우리의 욕망을 깨닫고 몸부림친다. 이 욕망이 왜 생겨나는지 이해하지 못하면서도 말이다. 중요한 것은 우리에게 죽음의 선택권이 있음에도 그것을 선택하지 않았다는 사실이다. 그 결정으로 인해 기쁨을 느낄 때, 우리 자신에 대해, 우리의 가치에 대해 생각할 시간이 더 많아질 수 있다. 우리는 정말 살고 싶어 하며, 자살은 우리 문제를 푸는 데 적절한 해결책이 아니라는 사실을 알 수 있을 만큼 강인하다.

✈ 나는 삶을 선택할 수 있다는 것을 앎으로써 기쁨을 느낀다.

0520

가면무도회에서 가면이 모두 벗겨지면, 사람들의 공포가 눈에 확 들어온다. 외로움, 거절, 열등감, 주체할 수 없는 분노, 질병과 죽음에 대한 공포가

— 조슈아 로스 리브먼 (Joshua Loth Liebman) —

다른 사람들보다 우월한 척하면서, 타인들과 분리해서 나를 생각하려고 노력할 때가 있다. 우리의 허세와 객기 밑에서 세상 모든 사람들이 우리의 공포를 공유한다는 사실을 깨닫는다.

상처받는 것, 우리가 사랑하는 사람들의 기분을 상하게 만드는 것, 스스로 실망하는 것들로부터 우리 자신을 지키는 삶을 꾸민다.

몇 가지 어려운 부담에도 불구하고, 우리가 성공할 수 있는 최상의 선택는 긍정적인 자세, 솔직한 기질, 그리고 모험을 감행하는 자발성을 개발하는 것이다. 이렇게 한다고 해서 모든 두려움으로부터 우리를 반드시 지킬수 있는 것은 아니지만, 우리와 마찬가지로 인간의 본성을 수용하는 다른 사람들과 정직한 연대를 이루어낸다.

나는 두려움으로 인해 고립될 필요가 없다. 아니, 오히려 두려움은 타인에게 손을 내미는 수단이 될 것이다.

0521
오해와 억측, 침묵, 그리고 고립의 악순환은 사랑하는 사람을 지켜야 한다는 의무감과 욕망으로부터 나온다

— 닐 A. 피오레 (Neil A. Fiore) —

사랑하는 사람에게 당분간 우리의 병에 대해서 말하지 않고서 그들을 보호하려고 노력한 적이 있을 것이다. 우리가 말을 하지 않는다면 병이 달아나 버릴지도 모른다는 희망을 남몰래 품었던 적도 있을 것이다. 하지만 그런 일은 결코 일어나지 않으며, 제대로 다루어지지 않는다면 문제가 간혹 더 커지기도 한다는 것을 알고 있다.

우리가 가족 구성원이나 친구들을 보호할 수 없다는 사실은 이제 좀 더 분명해졌다. 그들을 보호하려고 노력하는 것은 나 자신의 감정을 부정하고, 그들의 감정을 무시한다는 뜻이다. 우리가 그들을 보호하지 않을 때, 우리와 더불어 우리가 사랑하는 사람들이 성장하고 강인하게 된다는 사실을 알았다.

▸ 사랑하는 사람에게 나의 감정과 욕구에 대해 솔직하게 털어놓을 것이다.

0522

행복은 시간이나 우주와 같아서 우리 스스로 만들고 측정한다. 우리 마음대로 환상이 되고, 커지고, 작아진다. 대조나 비교를 하는 일처럼

— 조르주 드 마리에르 (George du Marier) —

행복은 다른 감정과 비교하는 상대적인 마음상태이다. 행복해지는 것은 궁극적인 우리의 목표 가운데 하나이다. 어떻게 그곳에 이를 것인지, 혹 이를 수 있는 것인지는 우리가 어떻게 살고 사람들을 어떻게 대하는가에 달려 있다.

어린아이였을 때, 우리에게 필요한 것은 다른 사람들이 채워 주었다. 이제, 자신의 행복을 만들어야 하는 사람은 우리 자신이다. 우리의 꿈과 기쁨을 위해 타인에게 의지하는 어린이가 더 이상 아닌 것이다.

우리는 어른이기 때문에, 어떤 형식이나 모양이든 우리가 원하는 대로 마음껏 행복을 만들 수 있는 것이다.

나의 행복은, 다른 이가 아니라, 나에게 달려 있다.

0523
말이라는 구슬로 꿰어진
영롱한 기도는,
문답이 끊임없이 이어져야 한다는
영원한 파장을 부여한다

— 다그 해머스퀼트 (Dah Hammarskjold) —

우리 중 많은 사람들이 기도하는 법을 잊어버린 건 아닌지 모르겠다. 우리는 기도 대신 우리 자신에게서 해답을 구하고 다른 것들에서 행복을 찾았다. 그리고 우리 영혼의 삶은 제자리걸음만 해왔다.

진단이나 예후, 차도, 혹은 약물의 부작용을 지배할 힘이 우리에게는 없다. 분노나 고통에서 나온 것이건, 우울함이나 무력감에서 나온 것이건, 갑자기 광포해진 세상 속에서 균형 감각을 찾아야 한다는 욕구가 솟아난다. 그때 우리는 우리 자신보다 위대한 절대자에게서 너무나도 절실하게 필요한 위로를 찾을 것이다. 기도와 명상을 통해 행복을 찾는 법을 배워야 한다.

🏵 나는 나의 짐을 혼자서 지고 가지 않아도 된다.

0524
확신하는 것이 무엇이건, 이것만은 기억하라. 당신이 다른 사람들과 끔찍하게 닮았다는 사실을

— 제임스 러셀 로웰 (James Russell Lowell) —

과학자들은 오래전에 이미 인간의 신체는 모두 근본적으로 같은 구조를 하고 있다는 사실을 밝혀냈다. 지금과 같은 시대에는, 한 사람의 심장이(다른 기관까지도) 다른 인간의 신체에 이식될 수 있다.

우리는, 건강상태가 영원히 변해 버린 사람들과, 우리의 절망감이나 감추어둔 눈물, 고통, 혹은 무력감을 함께 나눈다. 우리는 기쁨이나 즐거움도 삶과 함께 나누어 가진다. 서로 다르지만, 똑같기도 한 것이다.

> 육체적인 한계에도 불구하고, 세상 모든 사람들과 다른 점보다는 닮은 점이 훨씬 더 많다. 나는 오늘, 그렇게 닮은 점들을 찾아보겠다.

0525

고통의 많은 부분은
스스로 선택한 것이다.
씁쓸하기는 하지만 그것은
그대 안의 마음이
그대의 병을 치유하는 데 쓰는
마약이다

— 칼릴 지브란 (Kahlil Gibran) —

그런 적이 있는지 모르겠지만, 건강의 상실에 대해 비통한 생각은 좀체 하지 않는다. 우리는 이 위기에 어떻게 대처해야 할지 자신이 없기 때문에 우리와 절친한(고통을 기꺼이 나누어 가질) 이들에게서 멀어지는 경향이 있다.

우리가 비탄에 잠기는 동안, 감정적으로 노골적이며 상처받기 쉽다.

> 좋았던 건강의 상실은 낯설지만, 나를 위해 염려하는 이들에게 감사하는 법을 배울 것이다.

0526

<u>진정한 시간의 가치를 알라.
순간순간을 잡아채고, 붙들고, 즐겨라.
한가함도, 게으름도,
미루는 버릇도 안 된다.
오늘 할 일을 내일로 미루지 마라</u>

— 체스터필드 경 (Lord Chesterfield) —

좋은 추억이건 나쁜 추억이건 상관없이, 다시는 지나가 버린 그 순간으로 돌아갈 수 없다. 특별한 순간은 다시는 되풀이되지 않는 유일한 순간임을 알아야 한다.

우리는, 몸이 예전처럼 좋지 않은 이후로는 특히, 미래가 어떤 모습으로 다가올지 확신이 서지 않을 수도 있다. 매일매일의 소중함을 이해하면, 인생을 살아가는 방식을 고양시킬 수 있다.

나는 하루하루가 소중하며, 삶에 주어지는 선택의 기회는 단 한 번밖에 오지 않음을 깨닫는다.

0527
진정한 기적은 신이 인간에게 준 용기와 지성을 이용하는 사람들에 의해 창조된다

— 장 아누알 (Jean Anouilh) —

최근 미네소타 주에 사는 한 여성이 박사 학위를 받았다. 그녀의 나이는 80세이며 새로운 세계를 정복하고 싶다고 말했다.

배움을 향한 탐구는 끝이 없어야 하지만, 우리 모두는 학교를 졸업하면 교육이 끝난다고 생각하는 경우가 많다. 교육을 놓고 목적을 정하거나 다른 목표를 정한다 하더라도, 뭔가를 절실하게 원한다면 우리의 욕구가 채워지는 방법을 발견하기가 훨씬 쉬워질지도 모른다. 목표에 이르는 과정에서, 다른 길이 눈에 띄어 그곳을 따라가는 경우도 있다. 그곳은 애초에 우리가 그리던 것과는 약간 다른 종착점일 수도 있다. 우리는 성숙한 성인으로서, 포용할 줄 안다. 그리고 능력이 닿는 한 그곳을 향해 우리는 손을 내민다.

> 새로운 목표를 세우도록 배울 수 있다. 나에게는 버거운 목표이지만, 좌절하지는 않겠다.

0528
좋아서 사는 사람은 없는 것이나 마찬가지다.

— 사뮤엘 존슨 (Samuel Johnson) —

난치병을 사람의 힘으로 어떻게 극복하겠는가? 우리의 삶은 주변을 에워싸는 사건들로 이루어진다. 우리의 허락, 아니 우리의 자발성조차도 필요 없이 그 자체의 힘으로 전진할 때가 있다. 이제야 문제는 명백해졌다. 변화와 더불어 산다는 것은 우리의 성격에 대한 실험이 될 것이다.

급속하게 변한 생활환경에 대처하는 법을 배우며, 여전히 사랑하고 웃으며 울 수 있는 사람들은 생존자들이다. 우리 삶의 운명이 마음에 들지 않겠지만, 그래도 그것을 잘 다루리라 다짐해 본다.

> 나는 삶에서 벌어지는 변화를 모두 선택하지는 않았지만, 변화를 받아들이며 나누는 삶을 살기로 다짐한다.

0529
살다 보면, 지식을 삼킬 때, 마음속에서 달콤하게, 혹은 쌉싸래 지는 때가 있다

— 펠 베일리 (Pearl Bailey) —

우리에게는 어린 시절 가슴에 품었던 꿈이나 목표를 부둥켜안고 있는 경향이 있다. 우리의 삶이 변해온 현실(그것이 좋건 나쁘건 간에)을 받아들일 때면, 이미 우리는 어른이 되어 있다. 외적인 현실을 받아들이는 것이 인간적인 내면의 현실을 받아들이는 것보다 훨씬 수월하다.

외적인 것은 우리가 그것을 바꾸기 위해 할 수 있는 일이 아무것도 없기 때문에 훨씬 수월한 건지도 모른다. 눈에 보이는 것이 마음에 들지 않겠지만, 쌉싸래한 알약을 삼킨다면 변화될 수 있다.

📎 **공포를 무시하고 내 안에 있는 선과 악을 인정하겠다. 이것으로 나는 변할 수 있는 자유를 얻는다.**

0530

인생을 무사히 마칠 수 있기를 기대하지만 기회는 한 번뿐이다. 그러므로 친구에게 보여줄 수 있는 친절함, 혹은 내가 해줄 수 있는 선행이 있다면, 지금 당장 해야 한다

— 윌리엄 펜 (William Penn) —

매일밤 우리는 머리를 베개에 누이면서 하루를 돌아보고 내가 했던 말이나 타인의 삶에 즐거움을 더해준 행동을 생각한다.

인생을 살아가는 동안 다른 이에게 친절을 베풀 수 있는 기회가 수없이 우리 곁을 스쳐지나 갔다. 두 번의 기회는 없다. 하지만 우리가 할 수 있는 일은 이제 그렇게 특별한 기회를 깨닫고 최대한 이용하는 것이다.

쏜살같은 인생의 기회에 대한 나의 새로운 깨달음은, 좀 더 친절한 면을 자주 보여주는 데 도움이 될 것이다.

0531
웃음은 부작용 없는 진정제이다
— 아놀드 글래소우 (Arnold Glasow) —

웃음은 약품과 달라서, 아무 비용도 들지 않는다.
마음에서 우러나와 환하게 짓는 웃음은 우리 몸과 마음을 치료한다. 명랑한 웃음은 행복과 기쁨이라는 놀랄 만한 느낌을 끌어낸다. 웃음은 하루의 근심과 비애를 모두 풀어놓는다.

> 나는 오늘부터라도 허심탄회하게 자발적으로 웃으며 늘 기분 좋은 나날을 보낼 것이다.

6월
JUNE

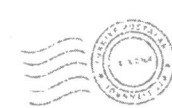

우리는 짜깁기 인생을 살 뿐이다.
아까는 좀 즐겁다가 지금은 슬프고,
아까는 죄를 짓고서 지금은
관대하고 용감한 행동을 취한다.

─랠프 왈도 에머슨─

0601

슬픔은 암운과 같아서 멀리서 보면 새까맣게 보이지만, 막상 머리 위로 오면 겨우 회색빛을 띨 뿐이다

— 장 폴 리히테르 (Jean Paul Richter) —

때때로 실행하고 결정하고 완성해야 하는 일들에 대한 염려로 인해 탈진할 때가 있다. 문제를 모두 해결하려 하고 결정을 모두 그 자리에서 내리려 하기 때문에, 이런 염려는 우리가 만드는 것이라고 해도 과언이 아니다.

전체적인 모습을 보면, 일생 동안 일어나는 사건들은 모두 위압적일 수 있다. 좋았던 건강의 상실, 시간, 너무나 사랑했던 사람을 떠나보내는 상실감으로 인한 두려움, 슬픔, 괴로움은 진이 다 빠지게 만들 수 있다. 그래도 슬픔을 차곡차곡 모아서 그것을 잘게 나누는 법을 배운다면, 슬픔이란 그저 삶의 일부분일 뿐이며 이를 받아들일 수밖에 없음을 알게 된다. 우리는 아직 견딜 수 있다. 슬픔을 한꺼번에 하나로 받아들인다면, 그것은 희미해져 형체도 알아볼 수 없는 구름이 되어 흩어질 것이다.

▸ **나는 기꺼이 슬픔조차 삶의 일부분으로 받아들일 것이다.**

0602
우리의 모든 추론은
결국 감정 앞에 무릎을 꿇는다

— 블레이즈 파스칼 (Blaise Pascal) —

　모든 노력 가운데, 성공은 끊임없는 노력이 있을 때만이 가능하다는 것이 명백하다. 가치가 있는 목표를 달성하려면 반드시 대가를 지불해야 한다. 부정적인 생각이 마음속에 들어와도 놀라서는 안 된다. 이 생각은 쉽게 사라지지 않는다. 우리에게는 인간적인 약점이 있으므로, 생각은 혼란스러워질 때가 많고 감정은 아주 낮게 가라앉거나 극단적으로 치닫기도 한다. 우리가 아무리 힘겹게 노력해도 완벽함은 가능하지 않다. 하지만 해답을 찾아볼 수는 있다.

　두 마리 토끼를 다 잡을 수는 없으므로, 선택을 해야 한다. 선택을 하기 전에 두 가지 가능성에 대해 충분히 생각해야 한다. 어떤 것을 선택하건 간에, 선택은 해야 하고 또 받아들여야 한다. 문제를 풀기 위해 헛되이 보내 버린 기회는 영원히 사라져 버릴지도 모른다.

> 같은 문제를 놓고 몇 번이고 되풀이해서 싸운다. 나는 오늘 무엇이든 해답을 발견하기 위한 탐구를 시작하기로 결심했다.

0603
고통 없이는 아무것도 얻을 수 없다
— 아들레이 스티븐슨 (Adlai Stevenson) —

부모는 자식들이 자신의 면전에서 변한 모습을 보이면 놀랄 때가 많다. 그것은 우리가 하루하루를 대하는 방법에서도 마찬가지이다. 우리에게 위안을 주었던, 그리고 앞으로도 우리를 위로할 것으로 기대했던 우리 삶의 많은 부분이 흔들리는 것을 경험하는 것은 두려운 일이다. 맨 처음 우리는 건설적인 삶은 다시는 세울 수 없을 것이라고 생각했었다.

그러나 우리는 삶을 재건할 수 있다. 아장아장 걷는 아기처럼, 우리는 하루하루 조금씩 걸음을 앞으로 내디뎌 왔다. 하루 또 하루, 작지만 꾸준히 전진함으로써 우리는 자신을 강하게 만들어 왔다. 한 걸음 또 한 걸음, 어떤 때는 우리의 성장을 의식하지도 못한 채, 삶을 다시 창조해 왔다. 그러다가 갑자기 삶을 돌아보고는, 우리가 걸어온 거리에 깜짝 놀라는 것이다. 놀라움—그리고 자부심으로.

 오늘, 정서적으로 그리고 영적으로 나의 성장을 평가할 시간을 갖겠다.

0604
삶이 주는 최상의 행복은 사랑받고 있다는 확신이다

— 셰익스피어 (Shakespeare) —

조건 없는 사랑은, 우리가 행동하고 살아가는 방식과는 관계없이, 사랑받을 것이라는 확신이다. 우리 가운데 많은 이들은 부모님이나 다른 가족 구성원들로부터 품에 안아주고, 원하는 것은 무엇이든 들어주는 조건없는 사랑을 받아 왔다.

우리 가운데 어떤 이들은 운이 좋은 편이 아니어서, 그런 사랑을 찾아 헤매는데 시간의 대부분을 보내고 있는지도 모른다. 다행히도 그것을 발견할 필요는 없으며 그저 주기만 하면 된다는 것을 우리는 배웠다. 우리는 정말 조건 없이 우리 자신을 사랑할 수 있다. 과거의 사건을 바꿀 수는 없지만, 지금 일어나고 있는 사건의 영향력은 변화시킬 수 있다.

> 나 자신을 사랑하고 타인에게서 사랑받는다는 느낌은 내 삶을 따스하게 보살핀다.

0605
눈물을 흘릴까 봐 두려워 항상 웃는다
— 뷰마르샤이 (Beaumarchais) —

울고 싶을 때가 있다. 금방이라도 눈물이 쏟아져 나올 것 같은 느낌이 들 때도 있겠지만, 눈물을 흘리지는 않는다. 다른 사람들이 볼 수 없게 눈을 깜박거리거나 눈길을 돌리겠지만 결국, 누군가는 보게 될 것이다.

감정을 다룰 때는 두 가지 문제가 관련된다. 하나는 우리의 감정을 인정하는 것, 다른 하나는 그것을 보여주는 것이다. 감정을 다른 이들에게 모두 보여주지 않기로 마음먹었는지 모르지만, 부정적인 감정을 부인하는 것은 풍성한 삶을 짓는 데 필요한 정직함에 역효과를 준다. 기쁨, 행복 뿐만 아니라 슬픔, 분노도 느끼도록 하자. 그것은 모두 정직한 감정이다.

✈ **내 감정을 발견하기 위한 여정의 첫걸음을 내딛는다.**

0606
기도는 부탁하는 것이 아니다. 그것은 영혼의 갈망이다

— 모한다스 간디 (Mohandas Gandhi) —

어떤 사람들은 기도는 뭔가를 부탁해서는 안 된다고 말할지도 모른다. 하지만 기도에 대한 우리의 욕구는 정서적, 육체적 고통이나 갈등, 의심으로 인해 불붙을 때가 많다.

우리 영혼은 평온함을 갈망하며, 고통과 의심, 두려움을 절대자의 존재에게 위임한다. 때로 우리가 구하는 것은 사랑받고 이해받는다는 느낌과 마찬가지로 질문에 대한 해답이 아닌 경우가 많다. 물질의 세계에서 해답을 찾지 못할 때, 우리는 영적인 자아와 함께, 우리 내면 가장 깊숙한 곳에 있는 두려움, 더할 나위 없는 즐거움을 이해하는 균형 잡힌 존재를 향해 손을 내민다.

> 나는 기도를 통해 무엇을 표현하든, 이해를 받는다는 것을 알기에 위로를 받는다.

0607
늙어가는 법을 안다는 것은 지혜의 걸작으로, 삶의 예술 가운데에서도 가장 어려운 장에 속한다

―헨리 프레데릭 아미엘 (Henri Frederic Amiel)―

    우리는 존경하는 사람들(특별한 선생님이나 부모님, 친구들)을 닮기 위해 애를 쓰는 경우가 많다. 우리가 모방하기로 선택한 사람 가운데 나이가 지긋하신 분들은 자신들의 공동체에서 생산적인 구성원이 되었으며, 사람들에게 도움이 될 수 있다면, 우리 삶을 드높일 수 있을 뿐만 아니라, 젊은 사람들에게는 역할 모델이 될 것이다.

    너무 우아하게 나이가 들어서 주변 사람들이 모두 특별한 느낌을 받도록 만드는 사람들이 가끔 있다. 우리 모두 그런 친구가 있음을 감사하며, 우리도 그렇게 될 수 있다.

✈ **나는 인생을 아주 멋지게 살아서 젊은이들에게 역할 모델이 될 것이다.**

0608
한때는 아주 불가능하다고 생각하는 것이 결국에는 가능한 것이 된다
— K. 오브라이언 (K. O'Brien) —

　상상이 가져다주는 순수한 기쁨은 거기에 한계가 없다는 것이다. 건강의 악화라는 속박을 받고 있으면서도, 앞으로 더 좋은 날들이 올 거라는 믿음은 여전히 가질 수 있다. 그리고 정말로 원하기만 하면 우리의 소중한 시간과 에너지를 보내기에 충분한 가치가 있는 방법을 발견할 수도 있다.

　생각에 잠겨 보내는 시간은 낭비되는 것이 아니다. 이 소중한 순간에 우리는 지나가 버린 과거의 아름다운 시절을 떠올리고, 미래에 맡을 우리 역할을 연습해 볼 수 있으니까 말이다. 우리는 충분히 능력 있는 사람으로 자신의 모습을 상상해야 한다. 물론 이것은 사실이 아닐 수도 있지만, 노력할수록 대중 앞에서 우리를 드러낼 수 있는 능력도 그만큼 늘어날 것이다. 대중 속에 있는 것이 편해질수록, 밖으로 나가는 횟수도 늘어날 것이다.

　　공상에 잠길 때 나는 시간을 낭비하는 것이 아니다. 나의 꿈으로 인해 삶의 변화를 받아들이고 미래를 위한 연습을 할 수 있으니까 말이다.

0609
하나가 전체를 차지하는 섬, 그 섬에 사람은 아무도 없다

— 존 돈 (John Donne) —

 감정적으로 육체적으로 저기압상태에 있을 때는 다른 이들과 전혀 다르다는 느낌이 들어, 애절하고 쓰린 마음으로, 타인을 멀리할지도 모른다. 우리 삶은 다른 이들의 삶에 비해 너무 복잡한 것 처럼 보인다.

 그래도 보통은, 타인들에게서 완전히 벗어나기로 마음먹지는 않는다. 마지못해 하루를 보낼 때, 많은 사람들이 우리 삶을 스친다.

 그리고 우리는 그들에게 한 부분이 되기도 한다. 수백 가지 방법으로, 서로를 후원하고 보살핀다. 우리가 배려하며 그들의 기쁨과 고통도 함께 나눈다.

> 어려움에 처할 때, 염려하는 이들이 나를 둘러싼다. 나도 타인에게 도움이 된다는 것을 확신하겠다.

0610
고통은 견디기 힘들다.
하지만 하루 또 하루, 인내를 가진다면,
이것조차도 지나간다

— 테오도어 틸튼 (Theodore Tilton) —

감정적으로나 육체적으로 고통을 견디기 힘들어질때, 하루는 24시간보다 더 길게 지나가는 것 같다. 움직이는 것 자체가 견디기 힘든 고통이다.

하루를 시작하려는 시도에 날카로운 고통의 음성이 막아서고 나선다.

고통이 일어날 때마다, 우리는 싸움을 포기하고 병자가 되고 싶은 유혹에 빠진다. 그러다가 딱 한 번만, 딱 하루만 노력하자는 생각이 마음속에 솟아오른다. 그래서 우리는 투쟁한다. 그리고 일출과 일몰을 다시 한 번 성공적으로 만나고 정복했다는 사실을 발견하고는 깜짝 놀란다. 전진할 수 있는 힘은 언제나 우리 마음속 깊은 곳에 있다.

> 이제까지 겪었던 것보다 고통이 더 심해질 때, 내 안의 자원을 끌어내어 계속 나아갈 것이다.

0611

우리가 시작이라고 부르는 것이 끝인 경우가 많다. 그리고 끝을 내는 것은 시작하는 것이다. 결말은 새로 시작하는 곳이다

— 조지 엘리엇 (George Eliot) —

고통스러운 결론이 행복한 현실, 새로운 생활방식의 시작이 될 수 있다.

슬픔이 끝나면 새로운 포용과 균형 감각이 다가온다. 결말? 아니면 시작? 대답은 우리가 마음먹은 방법에 달려 있다. 다 자란 아이들이 집을 떠나는 것은 슬픈 결말이 될 수도 있지만, 혼자서 삶을 시작하는 기분 좋은 기회가 될 수 있다.

이사는 옛 친구를 떠나지만 새 친구를 만나는 것이기도 하다. 삶의 사건들은 거의가 모두(결혼과 새 직업, 졸업, 심지어 휴가까지) 어떤 종류든 결론을 내린다. 결론을 대할 때마다 매번, 우리는 새로운 시작을 만날 수 있다.

🍃 오늘 나는, 인생은 수많은 시작으로 이루어진 것임을 기억하겠다.

0612

세상에 대해, 그대 자신을 위해, 신을 향해 터질 듯한 경이감을 개발하라. 세상은 절대로 경이로움에 절망하지 않을 것이다. 단지 경이로움을 원할 뿐이다

— 버나드 S. 라스카스 (Bernard S. Raskas) —

삶의 위기는 우리를 비참하고 쓰라리게 만들지만, 영혼의 탐구를 하도록 이끌기도 한다. 변함없이 우리를 에워싸고 있는 아름다움과 조화를 깨닫고 나면 우리 마음의 지평은 한껏 넓어질 것이다.

영혼의 감각이 다시 온전해지면, 타인과 자연을 향해 가는 우리의 영향력을 깨닫게 된다.

나 자신의 존재와 앞으로 내가 되고 싶은 존재를 발견하려는 탐색에 있어 자아에 대한 영혼의 감각이 중요함을 인식할 것이다.

0613
절박한 질병에는 위험한 처방이 필요하다
— 가이 폭스 (Guy Fawkes) —

안전은 우리 모두에게 중요하지만, 가끔씩 너무 중요한 나머지 모험을 감행하기가 싫어지는 경우도 있다. 우리 일상이 주는 안전을 놓쳐 버릴까 봐 두렵고 건전하지 못한 관계를 지속하고 있거나, 나 혹은 타인의 이상한 행동에 눈을 감아 버리기도 한다.

그러나 상황이 절박해지면, 우리는 더욱 자발적으로 모험을 감행하게 된다. 감정에 혼란스러움을 느낀다면, 전문가의 도움을 요청할 수도 있다.

영혼의 탐색과 관련된 것이 많지만, 때로는 안전이 모험보다 더 위험하다는 사실을 깨달을 때 우리는 결정을 내릴 수 있다.

> 나는 그 선택이 안전한 나의 일상을 위협할지라도, 나에게 유익한 선택을 할 수 있다.

0614
슬픔에 빠진 친구와 함께 앉지 마라.
정원에 나가면 꽃을 보는가?
꽃과 함께
시간을 더 보내야 한다

— 질루딘 루미 (Jelaluddin Rumi) —

절친한 우정의 경계선을 살짝 넘어설 때가 있다. 그 지점까지는 진정한 화합이며, 진정한 교감일 수도 있었다. 하지만 바로 그때 우리의 생각이며 문제를 함께 나눌 뿐만 아니라, 서로의 문제를 자신의 문제인 양 괴로워하기도 한다. 우리는 친구를 위해 해답을 찾겠다는 생각에 사로잡힌다.

마당에 핀 잡초에 신경을 쓰지 않는 것과 마찬가지로, 친구의 인생에 있는 부정적인 면을 보지 못할 것이다. 우리가 도움이 될 수는 있지만, 친구 스스로 자신의 문제를 마주할 수 있도록 버려두는 것이 친구를 위해 최선을 다하는 것이다.

> 서로 위로가 될 수 있지만, 그의 짐을 나눌 수 없다는 점을 기억할 것이다.

0615
실존에 필수 조건은 기억하는 힘이 아니라, 망각하는 힘이다

— 숄렘 애쉬 (Sholem Asch) —

관계 안에서 행복하게 살기 위하여, 우리는 과거를 반복해서 걸러낼 수는 없다. 그러나 다른 인간을 굴복시키기 위한 방법으로 과거를 이용할 수는 있다.

"내가 그렇게 말했잖아."

"충고할 때 진작 내 말을 들었어야지."

"네가 잘못했어."

위와 같은 말들은 우리도 모르게 혼자서 중얼거리는 말일 수 있다.

그러나 우리는 마지막 남은 자제력을 발휘하여 다른 인간에게 죄책감을 느끼지 않도록 할 수 있다. 우리는 다른 인간을 변화시킬 수 없기 때문이다. 크건 작건 실수를 용서하고자 하는 기꺼움으로 인간적인 성장이 돋보일 것이다. 용서는 우리 이기심 안에 있으며, 용서하기 전까지 우리는 자유가 아니다.

 오늘, 나는 이해 속에서 자라듯이, 용서 속에서도 자라겠다.

0616

우리는 짜깁기 인생을 살 뿐이다. 아까는 좀 즐겁다가 지금은 슬프고, 아까는 죄를 짓고서 지금은 관대하고 용감한 행동을 취한다

— 랠프 왈도 에머슨 (Ralph Waldo Emerson) —

우리의 경험이 펼쳐지면, 어떤 날은 마음껏 살고 다른 날은 최소한의 방법으로 살기도 한다. 우리에게 주어진 시간의 진정한 가치와 의미를 놓칠지도 모른다.

완전한 삶, 생산적인 삶, 훌륭한 삶이란 완벽하게 잘 짜인 의복이 아니다. 그것은 솜씨 좋은 짜깁기 이불과 닮았다. 나쁜 경험이나 신중하지 못했던 결정을 폐기 처분할 수는 없다. 대신 우리는 삶이라 부르는 화려한 전체의 작품 속에 그것을 덧붙일 뿐이다.

> 오늘, 내 인생에서 대조를 이루던 것들이 독특하고 아름다운 무늬를 이루어 냈음을 알았다.

0617
변화는 즐거움의 어머니이다
— 벤자민 디스랠리 (Benjamin Disraeli) —

아침에 잠에서 깨어나 하루가 무엇을 가져다줄 것인지 확실하지는 않지만, 그래도 어쨌든 즐거운 마음으로 하루를 기다리는 것이 이상적이다. 가끔 이런 열정은 쉽게 생긴다.

우리의 지나간 시절의 기쁨을 되찾을 수가 없다. 무엇 때문에 우리는 삶의 자극을 잃어버렸을까? 어떻게 하면 그것을 되찾을 수 있을까?

은퇴를 한다고, 자식들이 이사를 간다고, 좋았던 건강이 쇠약해진다고 인생이 끝나는 것은 아니다. 인생은 그저 변할 뿐이다. 우리는 새로운 관심이며 취미를 개발할 수 있다. 오래된 태도를 다시 돌아보고, 새로운 전망을 떠올리자. 음악이나 타인과 어울리는 동료의식은 우리의 삶을 풍성하게 만들며, 우리에게 전진할 힘을 줄 수 있다. 영혼의 본성을 향해 눈을 돌리자. 그러면 기쁨이 보일 것이다.

기적과 기회가 수없이 나를 에워싸고 있음을 안다. 내가 찾은 기쁨을 함께 나눌 것이다.

0618

신념은 절대 믿지 말고, 그대 자신이 직접 보라! 직접 배우지 않은 것은, 모르는 것이다

— 베르톨트 브레히트 (Bertolt Brecht) —

여기서 신념은 무슨 암호 같지만, 이 인용문은 배움의 가치에 격찬을 보낸다. 배움은 신념의 반대말이 아니다. 오히려, 우리의 신념을 북돋우고 건설한다. 우리의 직관은 삶이 건네는 모든 교훈을 얻도록 이끌어준다고 믿을 때가 많다.

물론, 삶에서 하루하루 주어지는 교훈을 통해 직접 배우거나 다른 이들의 경험에서 배우기도 한다 이 모든 것들은 우리에게 똑같이 유익하다. 하지만 우리 자신이 직접 보도록 노력하자.

> 배움은 나 자신을 향한 믿음을 강하게 만든다. 삶의 질이 고양되고 강인하도록 이 위대한 믿음을 사용할 수 있다.

0619
나는 복잡한 인생을 변화시킬수 있다 아니면 좀 더 효과적으로 극복할 수 있는 있다

— 허버트 벤슨 (Herbert Benson) —

병으로 인해 우리의 생활에는 복잡한 일들이 새롭게 생겨나고, 시간이 갈수록 우리의 반응은 한층 격해진다. 우리 자신이 무력하고 불쌍해 보이면 더 심해질 것이다.

사람들은 모두 살아가면서 위기를 맞는다. 건강상태가 좋지 않다고 해서, 부딪혀야만 하는 문제나 고통, 실망 같은 것을 면제받는 것은 아니다. 건강문제를 한 번도 겪어 보지 않은 사람들보다 여러 가지 문제들을 받아들이는 데 있어 우리가 오히려 나을는지도 모른다. 투약 상황에 대처하면서 극복하는 기술을 배우지 않았는가? 또한 타인에게서 받는 충고나 후원에도 훨씬 더 솔직해져겼고. 우리가 여기까지 온 것을 자랑스럽게 생각해도 된다. 앞으로 우리가 나아 갈 길에 대해서도 낙천적으로 볼 수 있다.

🌱 **나는 기쁜 마음으로 친구를 돕고 후원할 것이다.**

0620

매일 조금씩 자라는 것으로 만족하라.
성장이 아주 느리다면,
너무 자주 확인하지 마라.

— 루이스 F. 프레스날 (Lewis F. Presnall) —

우리의 마음에 굳어진 방식을 변화시키는 것은 쉽지 않지만, 중요한 것이든 사소한 것이든, 우리가 선택한 삶이 어떤 것이었는지 평가해야 할 때가 있다. 우리 자신의 행복을 위해 한 순간도 생각해 보지 않고 달려왔다는 것을 깨달을지도 모른다. 아니면 우리의 행복을 위해 우리가 많은 일을 하고 있고, 또 그것을 즐기고 있다는 망상에 사로잡힐지도 모른다.

정말 중요한 것은, 일상의 완급을 조절한다는 사실이다. 우리에게는 빨리 지나가는 시절이 필요하지만, 정서적이고 물질적이고 사회적인, 영혼 전체를 아우르는 건강을 위한 느리고 편한 세월도 반드시 필요하다.

▰ 오늘 나와 함께 속도를 늦추고 조용한 시간을 보낼 것이다.

0621
하나의 구름으로도
태양을 가리고 남는다
— 토마스 풀러 (Thomas Fuller) —

친구에게서 비난을 받거나 중요한 약속이 있는데 교통이 막혀서 아름다운 일상이 산산조각 날 때가 있다. 나중에 생각해 보면 사소한 해프닝 한 가지가 어떻게 행복한 사건에 그늘을 드리울 수 있는지 의아하기도 할 것이다.

매일 모든 관계에 불운이나 오해가 없기를 기대한다면, 실망하기로 작정한 것이나 마찬가지이다. 우리 자신의 필요나 가치를 희생시키면서까지 친구와 친척들을 기쁘게 하는데 우리의 에너지를 쏟는다면, 그들에게 너무 큰 책임을 전가하는 것이다. 우리의 기대가 현실적일 때 우리에게 더욱 보람 있는 일상이 주어지는 것이다. 하루하루가 예기치 않은 지연이나 반갑지 않은 평가로 이루어지겠지만, 그것들은 그냥 눈부시게 푸르고 아름다운 하늘에 흩어진 구름들에 불과할 뿐이다.

 나는 좀 더 현실적인 기대를 갖도록 하겠다.

0622
무능력은 흔히 훌륭한 결혼에 시련을 가한다
— 로버트 러버링 (Robert Lovering) —

쉽게 치유되지 않는 병을 앓는 사람들이 겪는 긴장은 그들의 이혼율이 전체 평균보다 높다는 사실에서 분명히 드러난다. 그다지 이상하지 않을 수도 있다. 왜냐하면 스트레스가 많은 상황을 이미 겪었어도 고통받는 것은 개인적이며 외로운 상황이다. 그러나 우리의 고통은 다른 이들과 함께 나눌 수 있는 것이다. 고통을 잘 다루는 것 때문에 그들에게 귀감이 될 수도 있다. 우리가 제어할 수 없는 상황이 얼마간 있겠지만, 희망과 도움은 항상 있다. 우리는 구원과 이해를 얻을 수 있다.

나의 모든 관계 안에서, 병으로 인해 더해지는 스트레스를 의식하도록 노력하겠다.

0623
인류의 섹슈얼리티가 보여주는 정도나 종류는 영혼의 궁극적인 정점으로 뻗어 나간다

— 프리드리히 니체 (Friedrich Nietzsche) —

섹슈얼리티는 우리 자신에 대해 생각하는 방법, 그리고 자신을 드러내는 방법, 혹은 우리를 독특하게 만드는 모든 것이다. 의료문제로 인한 일상의 혹독함에 시달리게 되면 자기 이미지는 바닥을 헤맬 것이고, 한동안은 성적 불능감과 불감증에 시달릴 수도 있다. 예전과 똑같은 욕구, 접촉하고 싶고 우리 자신을 근사하게 느끼고 싶어 하는 욕구가 여전히 우리에게 남아 있다는 사실을 깨닫는 데는 오랜 시간이 걸린다. 우리는 침묵을 지키거나 수동적일 필요가 없다. 우리에게는 사랑과 의지할 곳이 필요하다.

> 관계의 질은 관계가 된 두 사람 모두에게 달려 있다는 것을 기억할 것이다.

0624
그대의 심장에는 진정한 친구를 끌어당기는 자석이 있다네. 그 자석은 타인을 먼저 생각하는 이타심이라네

— 파라마한사 요가난다 (Paramahansa Yogananda) —

우정은 서서히 발전하며 서로의 관심과 이해를 바탕으로 이루어진다. 그것은 시간, 생활환경의 변화, 심지어 건강에 의해서도 시련을 받는다. 진정한 친구가 된다는 것은 위급할 때 곁에 있어 주는 것이다. 그것은 주는 것이지 받는 것이 아니며, 우리의 친구도 똑같이 할 준비가 되어 있다는 것을 믿는다는 뜻이다.

진정한 친구는 서로 정서적 위기감을 감당하면서도 떠나지 않는다. 소중하게 여겨지는 우정은 의심받지 않는다. 마음 깊숙한 곳에서, 절친한 친구를 돕기 위해 우리가 늘 곁에 있을 것임을 알고 있기 때문이다. 친구들 역시 우리를 돕기 위해 그 자리에 있을 것임을 우리는 안다.

> 나에게는 굳건하고 보람 있는 관계가 있다. 나는 우정을 소중하게 여긴다.

0625
건강에 대한 지나친 걱정만큼 치명적인 것은 없다

— 벤자민 프랭클린 (Benjamin Franklin) —

우리는 솔직해져야 한다. 건강 때문에 마음을 빼앗기게 될 때가 분명히 있다. 예를 들어 다리가 부러졌을 때 걸을 수 있을까, 혹은 못 걷게 된다면 얼마나 절망적인가 따위에 대해 걱정하는 것을 말한다. 만약 그렇지 않다면 비정상적인 사람일 것이다. 장기적인 치료가 필요한 건강문제는 다르다. 건강에 대해서 쉴 새 없이 이야기한다면, 우리에게 절실하게 필요한 사람들을 쫓아버리고 말 것이다.

건강문제에 대해서는 말수를 줄이는 것이 이득이 될 것이다. 의학문제를 놓고 벌이는 지루한 토론으로 우리의 친구나 가족 구성원을 피곤하게 하지 않는다면 우리 마음도 훨씬 편해질 것이다. 살아 있다는 것은 도전이나 문제, 갈등을 겪는 것이다. 수용을 하고 나면, 얼마간은 고통을 극복하고, 희망은 새로워지리라는 것이 확실해진다.

 포용은 구원과 평화를 가져다준다.

0626
사람의 경험을 회수할 수는 없지만 이용해야 한다

— 버나드 배루치 (Bernard Baruch) —

우리 인생의 경험 가운데 어떤 것은 겪지 않았던 것처럼 꾸미고 싶겠지만, 실제로 그것은 우리가 겪은 것이다. 나쁜 경험 가운데 어떤 것은 우리가 만들기도 했으니까 말이다. 우리는 그런 경험들이 모두 모여 만들어진 총계이다.

행동과 태도를 소유할 수 있으며, 나아가 우리에게 위로가 되지 않는 행동이나 태도도 받아들일 수 있다. 그렇게 하면 우리 자신에게 판결을 내리는 일은 다시는 없을 것이다.

우리가 어디서부터 변화해야 하는지 병약함을 통해 배울 때 그것은 우리에게 유용할 수 있다. 병약함은 당당하게 우리 것이라고 말하게 될 새로운 자세와 강인함으로 이끌어줄 것이다. 준비만 하면, 우리 내면의 성장을 만들고, 또 수용할 수 있다.

나는 나의 경험이 모두 모여 만들어진 총계이다. 나의 경험이 긍정적인 변화로 나를 이끌어가도록 이용할 수 있다.

0627
맹인에게는 하늘이 보이지 않기 때문에 하늘은 푸르지 않다

— 덴마크 속담 (Danish Proverb) —

    우리는 매일 새로운 선택을 한다. 고통이나 실망은 쓰라린 삶의 열매라고 믿을 수도 있고, 일상의 경험으로부터 조화와 열정, 감사를 건설해 내는 능력을 믿을 수도 있다. 아이들이 뛰어 노는 목소리에서 음악을 들을 수도 있고, 시끄럽다고 짜증 날 수도 있다. 기도할 수도 있지만, 분노를 곱씹을 수도 있다.

    우리는 세상을 보는 방법을 선택한다. 분노와 절망을 느낀다면, 귀에 소음만 들린다면, 어둡게 드리워진 먹구름만 보인다면, 그것이 우리의 현실이다. 하지만 부정적인 우리의 선택이 세상을 바꾸지는 못한다. 그러나 새들의 노랫소리며 아이들의 목소리는 공기를 가득 메운다. 사람들은 그래도 사랑과 배려로 서로에게 손을 내민다. 그리고 화사한 하늘색은 그 어느 때보다도 푸르다.

 오늘부터 나의 현실은 내 주변의 긍정적인 일들이 바탕이 될 것이다.

0628

성자이든 죄인이든
처음 본 사람에게 영향을 끼친다.
그들의 말과 행동은
인간의 본성이라는 연약한 점토
구석구석에 각인되기 때문이다

— 조슈아 로스 리브먼 (Joshua Loth Liebman) —

수십억 명이 사는 세상에서 하찮게 느껴지는 일이 많다.

우리의 말과 행동이 이 사람에게서 저 사람에게로 파장을 일으키는 것을 볼 때도 있겠지만, 아무것도 못 볼 때가 더 많다. 바로 그때, 차이를 만들어야 한다는 생각을 가차 없이 자르느냐, 아니면 이 세상 어딘가에서 누군가는 우리가 만들어내려는 물결의 파장으로 위안을 받고 있다는 사실을 믿느냐, 그것을 선택해야 한다.

🖋 **나의 말과 행동은 내가 만들어내는 물결의 파장으로 위안받고 있다.**

0629
그대에게 연민을 가르쳐준 슬픔에게 고마움을 전하라

— 로버트 네이선 (Robert Nathan) —

문제로부터 도망칠 수는 없다. 감당하기 벅찬 문제는 반드시 맞닥뜨려 풀어야 한다. 두려움이 엄습할 수도 있다. 할 일은 태산 같고, 도전장은 너무 커 보인다. 혼자서 부닥치는 일은 하나도 없다는 것을 깨달으면 위로가 된다.

변함없이 용감할 수는 없지만, 문제는 극복할 것이며 가능할 뿐만 아니라 정말로 그렇다는 믿음으로 물리칠 수 있다. 우리 자신에게 긍정적인 방향으로 말을 건네도록 하자.

오늘부터 두려움과 공포가 나를 덮치게 내버려두지 않겠다. 용기는 마음의 지혜와 평화로 가는 문을 열어준다.

0630
바른 길을 걷는 불구자는 그른 길을 걷는 주자를 앞지른다.

— 프란시스 베이컨 (Francis Bacon) —

삶의 여정을 거치는 동안, 마음의 혼란으로 인해 우리의 목적지에 이르는 것은 어렵다. 아름답고 행복한 상황이 우리의 방향을 바꿀 때도 있지만, 병원 신세를 질 만큼 심각한 상황이 닥치면 목표가 바뀔지도 모른다.

우리의 상황과는 상관없이, 이룰 수 있다고 믿는 목표를 세워야 한다. 자신이 자랑스럽고 성공했다고 느끼기 위해서는, 새로운 목표를 이룰 수 있어야 한다. 그리고 꿈이나 도전, 성공 가능성을 제공하는 이상을 목표로 삼는다면 정말 할 수 있다.

나에게 최상인 행로를 따르며 나만의 지도를 따를 것이다.

7월
JULY

긍정적인 자세가
인생의 초기에 확립된다면,
지속적인 건강을 유지하는 데
가장 중요한 토대가 될 것이다.

─헬렌 헤이즈─

0701
시간은 날개가 있어 날아간다.
시간과 파도는 사람을 기다리지 않는다

— 속담 (Proverbs) —

우리는 모두 문제를 안고 있지만, 그것을 다루는 방식은 사뭇 다르다. 행복이라는 풍경에서 떨어져 나오려고 노력하는 사람도 있다. 관계를 끊고, 직장을 그만두고, 가정을 떠난다. 결국 대부분의 문제를 우리 자신에게 맞추어 바라보았다는 것을 깨닫는다.

우리가 자신의 모습에 직면하여 도움을 받기로 결심하고 변화를 만들어내기 시작할 때까지 시간은 더디게 흐르는 것 같다.

우리의 문제에 대한 진정한 평가를 내려야 한다. 우리의 짐은 가벼워지기 시작하고, 시간은 다시 한 번 날개를 달 것이다.

> 나의 행동이 인생의 대부분을 지배한다는 것을 인정한다. 나 자신의 행동에 대한 책임은 내가 질 것이다.

0702
이렇게 오래 살 것을 알았더라면, 나에게 신경을 더 쓸 것을

— 리온 엘드레드 (Leon Eldred) —

어렸을 적에는 먹고, 자고, 친구와 노는 것 말고는 걱정거리가 없었다. 청년으로 성장하면서 죽도록 일하고 열심히 놀면서 우리 몸이 보내는 신호 같은 것은 무시하기 일쑤였다. 단순히 우리 생활의 한 부분으로 받아들였다.

지속적인 치료가 요구되는 상황이 벌어질 때면, 우리의 몸에 대한 초기의 관심으로 돌아갈 수 없다는 것은 분명하다. 하지만 삶의 일상을 통해 우리에게 정말 도움이 되는 새 습관을 익힐 수는 있다.

> 결국 육체적인 그리고 정서적인 건강은 나 자신을 챙기려는 나의 기꺼움에 달려 있다.

0703
오직 따뜻한 마음의 힘만이
짙은 한기를 누그러뜨릴 수 있다

— 로버트 K. 매시 (Robert K. Massie) —

생활방식이 변하고 질병이 우리 삶을 파고들면, 외로움을 느낄 때가 많다. 우리가 떨쳐 버릴 수 있는 불쾌한 기분과는 다르다.

우리 주변에 친구나 가족이 있어야겠지만, 그들에게 귀띔해 주는 것은 우리에게 달려 있다. 사람들은 우리가 좀 더 가까이 오라고 허락할 때까지 멀리 떨어져 있을지도 모른다. 우리에게는 그들이 제공하는 후원이 필요하며, 그들에게는 우리가 와병 중에 얼마나 변했는지는 상관없이 우리 삶에 일조했다는 만족감이 필요하다. 서로 위로하고 격려한다. 그러면 우리 모두 축복받은 기분이 든다.

> 나의 병이 기본적인 인간성까지 바꾸지는 않았다. 이전에 나는 타인의 사랑과 보살핌이 필요했다. 지금도 마찬가지이다.

0704
앞만 보지 말고, 열매를 보고 나무를 판단하라
— 에우리피데스 (Euripides) —

가끔 우리는 너무 성급하게 판단을 내리는 경향이 있다. 불행하게도, 한눈에 봐도 육체적으로 손상을 입은 사람들을 볼 때, 특히 그대로 나타난다. 그들이 우리와 다르게 걷거나, 휠체어를 타고 있다는 사실에만 기초해서 그들에 대한 의견을 형성할지도 모른다.

건강의 조건 때문이 아니라, 개별적인 인격체로 사람들을 판단해야 한다. 사람들은 육체적인 능력과 전혀 상관없이 자신의 정신적·영적 존재만으로 자신만의 개별적인 자취를 세상에 남긴다는 사실을 이해한다.

✈ 나는 사람들의 외모를 보지 않고, 그 안에 있는 독특한 특징을 찾겠다.

0705
우리가 할 수 있는 최선을 다할 때, 우리의 삶과 타인의 삶에 어떤 기적이 일어나는지 아무도 모를 것이다

― 헬렌 켈러 (Helen Keller) ―

연못에 조약돌을 던지면, 그 조약돌이 시야에서 사라지고 난 후 한참 뒤에도 잔물결이 넓게 퍼져 나간다. 이른바 파급 효과다. 우리가 취하는 행동도 이것과 비슷한 결과를 낳는다.

우리의 인생과 선택이 다른 사람들에게 어떤 효과를 주는지 항상 알 수는 없다. 일상생활의 즉각적인 효과는 판단하기 수월하지만, 타인에게 주는 장기적인 효과는 알 수 없을 때가 많다. 우리가 해야 하는 일이라고는 자상함과 책임감이 우리 결정을 지배하도록 내버려두는 것이 전부이기 때문에, 그것은 정말 중요하지 않다.

우리에게 보이는 즉각적인 효과는 우리 내면의 성장을 느끼는 것이다. 장기적인 효과는 우리가 결코 볼 수 없을지도 모르는 기적을 믿는 것이다.

> 나의 행동은 나를 넘어서 많은 이들에게 영향을 준다는 사실을 명심하겠다.

0706

어제는 무효가 된 수표이고 내일은 약속어음이며 오늘은 현금일 뿐이다. 그러니 현명하게 사용하라

— 케이 라이온스 (Kay Lyons) —

하루하루는 인생의 작은 파편이다. 이 사실로 인해 우리는 영향을 끼칠 수 있는 일에 마음 놓고 집중할 수 있다. 기억 안에서만 가능할 뿐, 우리는 결코 과거로 돌아갈 수 없다. 미래가 무엇을 준비하고 있는지 알 수도 없다. 우리가 쓸 수 있는 유일한 시간은 오늘뿐이다. 우리가 만질 수 있는 시간은 바로 지금뿐이다.

우리는 현재라는 단순함으로 인해 과거를 놓아 버리고, 불확실한 미래의 모습을 무시할 수 있다. 그렇게 자유로운 마음이 되면, 육체적으로, 정서적으로, 그리고 영적으로 우리 삶을 풍성하게 만드는 일을 시작할 수 있다. 마뜩찮은 과거의 빚은 갚았으며, 미래에 저당잡힌 담보는 아무것도 없다. 우리 손에 든 '현금'을 사용하여 성장하는 데 마음 놓고 투자하자.

🌱 오늘은 내 인생에서 소중한 조각이다. 오늘을 잘 보내겠다.

0707
미소는 앞날의 눈물을 위해 수로를 만든다
— 바이런 경 (Lord Byron) —

미소가 웃음으로, 웃음이 다시 눈물로 변하는 것을 본 적이 많다. 가족이 재회하면, 5분 안에 잃어버린 20년 세월을 다 알아내려는 듯 즐겁게 수다를 떠는 사람들의 목소리가 들린다.

파킨슨씨병을 앓고 있는 사람들은 자신의 얼굴이 표현하고 싶은 감정과 일치하지 않는다고 불평을 늘어놓을 때가 있다. 병마라는 가면이 얼굴 근육의 움직임을 느리게 만들기 때문이다. 하지만 더욱 비극적인 것은 웃음도 눈물도 없는 감정을 느끼지 못하는 사람이다.

우리는 다행히도 감정을 표현하고, 만족감과 불행을 보여줄 수 있다. 그렇다면 오늘의 웃음이 내일의 눈물이 되면 어떨까? 다시 웃고, 또다시 울 것임을 안다. 과거의 경험은 현재에 의미를 부여한다.

 감정이 변하는 것은 정상적인 삶의 일부분이다.

0708
기회는 하루도 빠지지 않고 그대의 문밖에 서 있다

— 월터 말론 (Walter Malone) —

기회는 한 번만 찾아오는 것이 아니다. 가까이에 줄곧 있었다. 새로운 일을 시도하는 것이 두렵기 때문에 보이지 않는 것인지도 모른다. 아니면 자족하고 있는 것인지도 모른다. 우리가 정말로 유능하고 성숙한 판단을 내리고 있다는 것을 알 수 있는 한 가지 방법은 다시 한 번 기회를 향한 문을 기꺼이 열고자 할 때이다.

어떤 이들은, 은퇴를 하면 인생이 자동적으로 아름답게 될 것이라고 기대한다. 적응을 하는 데는 얼마간의 시간이 필요하다. 기회는 늘 가까이에서 기다리고 있다. 우리 자신의 문을 여는 법을 배우자.

> 앞으로 돌진하고, 여가 시간을 갖기 위해 노력하고, 타인과 더불어 일하려는 욕심을 내어서 나의 에너지를 새롭게 하겠다.

0709
차와 케이크, 아이스크림만 먹고, 순간을 위기로 몰고 갈 힘이 있을까

— 토마스 스턴스 엘리엇 (Thomas Stearns Eliot) —

요컨대 직시해야 할 문제가 생길 경우, 우리는 삶의 감정 틀에 균형을 찾기 위해 너무 애쓴 나머지, 터부시되는 화제를 먼저 꺼내는 사람이 되는 것은 결코 원치 않는다. 머릿속의 생각을 늘 말하지는 않는다. 계획하고 있는 것을 분명하게 밝히지도 않는다. 필요한 것을 부탁하는 경우도 드물다. 절반의 진실과 뒤죽박죽 섞인 메시지로는 정직한 커뮤니케이션이 이루어지지 않는다.

약물 사용? 기만적인 행동? 폭식증? 재정문제?

문제를 정면으로 볼 수 있는 유일한 길은, 이야기를 꺼내서 문제사실을 인정하는 것이다.

> 오늘, 나의 문제를 정직하게 바라보겠다.

0710
경험으로 사는 것은 값비싼 지혜이다

— 로저 아샴 (Roger Ascham) —

　지혜를 얻을 수 있는 방법은 아주 많다. 마음만 먹으면 타인에게서 배울 수도 있다. 내 안의 목소리, 그럴 수 있고 또 그래야 하는 내면의 느낌에 귀를 기울일 수도 있다. 아니면 우리가 흔히 사용하는 방법이지만, 경험으로부터 얻은 지혜를 위해 대가를 지불할 수도 있다.

　호의를 가진 친구나 우리의 본능이 던지는 경고의 목소리를 무시한 채, 어리석기 그지없는 위험한 곳으로 뛰어들 때가 있다. 그것은 가족문제나 재정문제, 나아가 개인적인 걱정과 관련된 것일 수도 있다. 실패하면 관계나 금전, 혹은 건강이라는 값비싼 대가를 치를 때가 많다. 하지만 조심성과 신중함이라는 지혜를 얻는다면 우리의 실패조차도 헛되지 않다.

> 나는 타인의 말에 귀를 기울이고 그들로부터 배워서 고통을 얼마간 덜도록 노력하겠다.

0711
오늘의 슬픔 가운데 가장 비참한 것은 어제의 기쁨에 관한 추억이다

— 칼릴 지브란 (Kahlil Gibran) —

    난치병은 결코 사라지지 않는다는 것을 머리로는 알고 있으면서도, 감성적으로는 작은 희망이, 우리 삶이 예전처럼 진행되리라는 희망이 생겨난다.

    인생의 추억을 반추하고, 지난 사건들을 모두 떠올리고, 우리의 삶이 예전에 어땠는지 생각하며 시간을 보낼 수 있다. 그러고 나면 고통이나 질병도 우리 일상의 일부분에 포함시킬 수 있다. 우리는 오늘이라는 좌표계 속에서 일한다. 오늘의 문제이며, 우리는 이것을 우리 인생에 집어넣을 수 있다. 예전과는 다르게 인생의 일부분을 살아가고 있음을 인정하는 것은, 적응을 향한 우리의 첫걸음이 될 것이다. 우리는 받아들이고 변화해야 한다. 그리하여 현재 속에서 새로운 기쁨을 만들어 나가면 슬픔을 누그러뜨릴 수 있다.

> 목표를 제시함으로써, 나의 삶의 주류 속으로 다시 한 번 들어갈 수 있다.

0712
질병은 진리와 우리 사이를 가로막을 수 있다. 하지만 건강은 우리와 타인 사이를 가로막는다

— 앙드레지드 (Andre Gide) —

건강할 때는, 건강이 쇠약해진 사람이 어떤 심정으로 헤쳐 나가는지 상상하는 것이 어려웠다. 동정을 하거나 동감을 표시했을 수도 있겠지만, 우리는 개인적으로 병을 앓아 본 적이 없기 때문에 그들의 심정을 알 수가 없었다.

이제는 쇠약해진 우리의 건강으로 인해 다른 사람의 입장에 설 수 있게 되었다. 친구들이나 가족 구성원들이 우리에게 어떻게 행동할지, 또 무슨 말을 할지 늘 알고 있는 것은 아니다. 그들은 우리 세계를 바라보는 것이 거북할 수도 있는 사람들이다. 그들이 겪고 있는 감정을 알고 있는 우리가 그들을 도울 수 있다.

나는 사랑하는 이들이 도움을 주고 이해하려고 노력할 때 그들에게 온정을 베풀 것이다.

0713

<u>우리의 욕구에 대해
제대로 이해하지 못하기 때문에
자멸에 이르는 선택을 할 때가 있다.
우리가 원하는 것이 무엇인지
알지 못하기 때문에
정말 필요한 것과는 정반대로 뽑는다</u>

— 라일라 스웰 (Lila Swell) —

    가끔 우리는 자멸에 이르는 행동을 반복할 때가 있다. 저조한 실적이 나오는 생활 습관은 해고로 이어지고, 그러면 다시 파멸하는 것이다. 과식은 비만이나 건강상의 문제, 보기 흉한 이미지를 낳고, 일시적으로 다이어트를 해보기도 하지만 실패만 거듭될 뿐이다. 번개가 칠 때까지는, 결국 내면 깊숙한 곳에 있는 우리의 욕구를 파멸시키고 있다는 깨달음이 있기까지는 같은 행로를 따라 터벅터벅 걷는다. 우리의 욕구가 무엇인지, 그 욕구란 모든 사람들이 똑같이 원하는 것이라는 것을 알 때 우리의 행동방향은 바뀐다. 우리에게는 모두 사랑이 필요하다. 동정이, 타인을 사랑할 기회가 필요하다. 그리고 우리는 건강한 방법으로 그 욕구를 채워 나갈 수 있다.

🍃 **오늘, 나 스스로 긍정적인 선택을 하겠다.**

0714
균형 잡힌 사람에게는 터무니없거나 불가능한 것은 하나도 없다

— 루이스 멈포드 (Lewis Mumford) —

간혹, 우리에게 의지가 된 능력을 잃었을 때 낙심할 수 있다. 이런 상실감을 받아들이려면 감정을 조정해야 할 때가 많다.

인생은 우리의 무능력이 아니라, 우리의 가능성으로 규정되어야 한다. 부정적인 태도에 빠진다면, 정말 다른 사람들이 봐도 한눈에 알 수 있는 불구자가 될지도 모른다.

놀라운 기회들이 우리의 성장과 기쁨을 위해 기다리고 있다. 우리는 그것을 선택해서 열고 들어가면 된다. 우리가 절실하게 그곳에 가고자 한다면 불가능은 없는 것이나 마찬가지이다.

> 건강 문제를 인생에서 물러날 변명거리로 삼지 않겠다. 오늘부터 도전과 성장을 위한 기회를 찾을 것이다.

0715
활발해지세, 어떤 운명에라도 애정을 가지고

— 헨리 워즈워스 롱펠로우 (Henry Wadsworth Longfellow) —

　살면서 이런저런 이유로 심심한 식단으로 짜인 다이어트를 할 때가 있었을 것이다. 이유는 중요하지 않다. 한결같이 허여멀건 유동식 메뉴에 우리가 얼마나 질려 버렸는가, 그것이 중요한 것이다! 음식에 대한 기대를 상실한 지는 오래전의 일일 것이다.

　심심한 삶의 식단을 우리 스스로 마련할 때가 있을지도 모르겠다. 오늘이나 내일, 올해나 내년, 판에 박힌 일상은 똑같은 모습이다. 집에서 직장으로 소파에서 침대로, 다시 모든 것이 반복된다. 어떤 일상은 안정과 안전을 우리에게 가져다주는 건강한 식단과도 같지만, 모험을 그 위에 얹으면 우리 삶을 맛깔나게 하는 양념이 된다. 몸에 배지 않은 것에 손을 내밀 수 있다. 이전의 노력이 실패로 돌아갔을 때 노력을 멈추지 않을 수 있다. 언제라도 삶의 자상한 도움을 받을 수 있는 것이다.

 나는 나의 일상과 안전을 희생시키지 않고도 변화를 감행하고 새로운 일을 추구할 수 있다.

0716
경험이란, 환영이라 불리는 황금과 대리석 궁전의 폐허에서 만들어진 초라한 오두막이다

— 조세프 룩스 (Joseph Roux) —

영광과 모험, 부를 향한 젊은 날의 꿈들은, 우리들에게는 실현되지 않았지만, 실망하지는 않는다. 의미 있는 삶이라면 자극과 능력을 바탕으로 해야 한다는 순진무구한 환영은 단순해졌지만, 훨씬 중요한 목표를 소중하게 생각하는 성숙함에 자리를 비켜주었다.

중요함에 대한 오래전의 욕구는 타인의 판단을 근거로 했다. 타인은 우리의 부를 보고, 우리의 능력을 느끼고, 가능하다면 우리의 영향력을 시기하기를 바랐던 것이다. 오늘부터, 우리 자신에게 인정받기로 노력한다. 우리가 소중하게 여기는 것은 평온이지 모험이 아니다. 사랑이지 질투가 아니다. 포용이지 능력이 아니다. 환영이 아닌 목표를 가지고 살아야 한다.

나의 값어치가 크다는 것을 감사하게 여긴다.

0717
아름다운 것은 영원한 기쁨이다. 사랑스러움은 배가 되며, 무(無)로 변하는 일은 결코 없을 것이다

— 존 키이츠 (John Keats) —

세월이 흐르면, 예술은 자신의 아름다움을 자세히 규정하고 강조된다.

사람들도 신기하다. 나이가 들면 생기는 품위가 있다는 것을 알고 있지만, 어떻게 그것을 영원히 지속시킬 수가 있을까? 해답은 물론 알 수 없다. 하지만 우리가 포함시키고 창조하는 모든 것들—사랑, 배려, 이야기하기, 우리 손으로 만드는 물건들 등—은 영원히 지속될 것이다. 그러나 지속될 뿐만 아니라 더욱 소중한 것은 가족과 전통에 바치는 우리의 존경이다. 이들과 더불어 다른 가족 유산은 아무도, 아니 어느 것도 무로 변하지 않는다는 우리의 확신이다.

> 나는 가족과 믿음의 전통, 그리고 그것들이 인생에 더해 주는 의미로 인해 위로를 받는다.

0718
과거를 다스리는 자는 미래를 다스리는 자이다. 현재를 다스리는 자는 과거를 다스리는 자이다

— 조지 오웰 (Jeorge Orwell) —

우리는 항상 건강하기를 기대하기 때문에 최선의 상태가 아닌 건강에 적응하는 것이 무척 힘겨울 수 있다.

통증이나 불편함을 덜어주는 분명한 유예를 예견할 수 없을 때 삶은 질식할 것 같은 느낌이 들 수 있다. 건강문제를 안고 살아가는 법을 배우는 데는 한참의 시간이 필요하겠지만, 우리는 할 수 있다. 시간이 흐르면 우리에게는 통찰력이 생긴다. 인생이 다시 한 번 우리 손아귀에 들어오는 것이다.

가끔 사실을 잊을 때가 있지만, 우리는 스스로를 책임져야 한다. 일단 우리의 감정이나 새로운 형태의 문제를 다스리게 되면, 혼자의 힘으로 결정을 내린다는 사실을 이해할 수 있다.

🗨 나는 내 삶의 행로를 바꿀 긍정적인 결정을 내릴 수 있다.

0719
우리의 믿음은 순간순간 찾아오지만, 우리의 악행은 습관적이다

— 랠프 왈도 에머슨 (Ralph Waldo Emerson) —

습관 가운데 어떤 것은 우리에게 유익하지 않지만, 너무 쉽게 나쁜 습관에 빠진다.

"딱 한 잔만 더. 그렇다고 해될 건 없잖아. 내일은 일 안 해도 돼."

우리는 이렇게 합리화한다. 우리는 어떤 유형에 따라 행동하고 있다는 사실을 깨달을 수 없을지도 모른다. 인간이기 때문에, 또 무슨 일이 생겨 우리의 행동방식이며 우리 자신을 변화시켜야 할 때가 올 때까지, 우리는 이런 방식으로 사는 것을 계속한다. 우리 삶의 많은 일들은 불확실하다. 우리 일상이 앞으로 어떻게 될 것인지에 대해 불확실함이 있다. 어떤 좌절에도 관계없이 계속 전진할 수 있게 만드는 힘은 우리의 믿음이다. 우리 모두가 떨어진 어둠의 순간은 믿음으로 극복할 수 있다.

🌿 지금 나의 인생에 무슨 일이 일어나고 있든지 계속 전진할 수 있게 만드는 힘은 나의 믿음이다.

0720
두려움으로 인해 희망을 향한 발걸음을 후퇴시켜서는 안 된다

— 존 F. 케네디 (John F. Kennedy) —

상황과는 관계없이 우리에겐 모두 희망이 필요하다. 어릴 때는 항상 마음이 조급했다. 모든 문제는 빠른 해결이 필요했다.

무엇이 분별 있고, 무엇이 그렇지 않은지 이제는 안다. 우리가 인생의 어느 지점에 와 있는지 이해하고, 이상적인 상황은 아직 지나가지 않았을지도 모른다. 우리의 모습, 우리가 할 수 있는 일과 타협해야 한다는 사실도 배웠다. 그렇게 우리는 괜찮다는 것을 배웠다.

내 삶의 현재 위치와 타협했다. 두려움이 생긴다고 더 이상은 물러서지 않겠다.

0721
1시간의 고통은 하루의 즐거움만큼이나 길다

— 속담 (Proverb) —

삶을 돌아볼 때, 고통스러운 경험이 제일 먼저 떠오르는가? 관계가 끝나거나 직업을 잃게 된, 어려웠던 시절이 기억날 수도 있다. 다른 사람과 가까워질 수 있는 건지, 다른 직장을 구할 수 있는 건지, 다시 자신감을 회복할 수 있는 건지 모든 게 불확실했기 때문에, 그 당시의 삶은 정지 상태에 있는 것처럼 보인다.

실패는 성장할 수 있는 기회가 된다는 사실은 훨씬 나중에 배울 것이다. 가장 견디기 힘들었던 기억을 다 거르고 나면, 행복한 기억이 다시 자리를 잡을 것이다. 고통을 겪으며 배우고 성장했다는 사실을 알기 때문이다. 그리고 고통의 시간이 끝나고 나면, 크고 작은 오늘의 즐거움이 보일 것이다.

> 고통이 나의 기쁨과 즐거움을 방해하도록 내버려두지 않겠다.

0722
하느님의 영혼이 세상의 영혼을 점령하심을 믿어야 한다. 그러나 세상에 그 기적이 일어나기 전에 우리 마음속에 먼저 일어나야 한다

— 앨버트 슈바이처 (Albert Schweitzer) —

삶이나 고통, 혹은 질병이 진행되는 동안, 우리의 밑천이 아무리 많다고 한들, 감정의 우물이 아무리 깊다 한들, 우리 자신에게만 의지할 수는 없다는 사실을 깨닫는 시기가 있다. 우리는 모두 누가 가르쳐줄 필요도 없이 그 시기가 눈앞에 왔음을 알아차린다.

이전에 믿음이 흔들렸었다고 하더라도, 다시 한 번 우리 자신보다 위대한 절대자를 향해 손을 내밀 수 있다. 전능하신 절대자는 우리가 적응을 계속해 나가는데도, 아니 우리가 할 수 있을 뿐만 아니라 이미 극복했더라도, 크나큰 위로와 보살핌이 우리를 향해 열려 있다는 확신을 준다.

> 만사를 다스릴 수는 없다. 그럴 필요가 없다는 것을 알기 때문에 자유와 구원을 얻는다.

0723
친구는 천상의 빛보다 밝다. 친구 없이 지내느니 태양이 사라지는 편이 차라리 우리에게는 더 나을 것이다

— 성 존 크리소스톰 (St. John Chrysostom) —

우정은 가장 위대한 우리의 업적이자 보상이다. 친구란 신경을 써주고 함께 기뻐하며 의지가 되는 사람들이다. 쉽게 치유되지 않는 건강상태라는 진단이 나온 후에도 친구들은 서로를 위해 그곳에 있다. 친밀한 우정 안에서는 언제라도 서로에게 최선의 모습을 발견한다.

우정은 우리 인생을 풍성하게 한다. 친밀해진 후 관계를 유지하는 것은 우연이 아니다. 우리 행로는 여러 가지 이유로 교차하며, 영원히 서로의 삶에 일부분을 차지한다. 우리는 진정으로 귀를 기울인다. 가슴을 열어놓는다. 도움과 희망을 건넨다. 고통을 함께 나누고 서로의 성장을 고양시킨다. 우리는 서로의 진정한 모습을 알 수 있다.

🛩 **나는 우정을 정직하게 대하겠다. 그럼으로써 진실한 사랑으로 꽃을 피울 것이다.**

0724
두려움은 혼자서 간직하되
용기는 타인과 나누어야 한다

— 로버트 루이스 스티븐슨 (Robert Louis Stevenson) —

우리는 각자 은밀한 두려움을 간직하고 있다.

"어떻게 하지?"

"오늘 안에 끝낼 수 있을까?"

"내 행동이 온당치 않아도 우리 가족은 나를 사랑할까?"

우리 자신의 두려움에 대처하는 것은 우리에게 달려 있는 경우가 많다. 위기를 통과하면서 침착해지려고 최선을 다하며, 때로 외부의 도움이 필요할 때도 있지만, 우리는 대체로 해낼 수 있다. 우리가 지나치게 독립적이거나 분노하고 있는 것과는 전혀 상관이 없다. 사실 사랑하는 사람들이 우리의 질병에 대처하는 법을 배우도록 도와야 하며, 우리는 두려움에 빠져 분별을 잃지 않도록 최선을 다해야 한다. 그리고 종종 그것은 용기로 통한다.

> 나의 두려움을 온당한 전망 안에 놓겠다. 이것은 나를 돕고, 또한 내가 사랑하는 이들을 돕기 때문이다.

0725
타인을 아는 자는 박식하고, 자신을 아는 자는 현명하다

— 라오 체 (Lao Tsze) —

우리는 어떻게 행동해야 하는가에 대한 생각 때문에 내면 깊숙한 곳에 있는 감정을 드러낼 수 없는 경우가 있다. 타인이 기대하는 방식으로 행동하면서, 변화하는 우리의 건강과 관련한 고통이나 두려움은 자신 속에 꼭꼭 숨겨둘지도 모르겠다.

생각이나 감정에 따라 행동하는 것은 어려울 수도 있지만, 타인의 생각에 따라 행동하는 것은 절망스러우며 나아가 불가능하다. 시간이 흐르면 우리 내면의 안정과 자신감은 더 많아진다. 이러한 자신감으로 인해 감정을 보여주고, 생각을 표현할 수 있게 된다. 어떤 경우에는 초조하거나 조급해 하거나, 아니면 화를 낼지도 모른다. 완벽한 사람은 아무도 없다. 그런 진실을 받아들이면 타인을 기쁘게 해야 한다는 짐을 벗을 수 있다. 내 안에서 들리는 성장과 정직의 음성에 따라 행동하는 즐거움을 발견해야 한다.

나 자신의 가치와 감정에 따라 정직하게 행동할 때 나는 마음껏 성장한다.

0726

미래는 '어쩌면'으로 불리는데, 이것은 미래를 부를 만한 유일한 것이다. 그리고 중요한 것은 그것으로 인해 겁을 먹지 않도록 하는 것이다

— 테네시 윌리엄스 (Tennessee Williams) —

"나도 아버지처럼 공장에서 일할 거야."

"선생님이 될 거야."

"군인이 될 거야."

어린 우리들은 이렇게 절대적이고 확고한 목표를 믿었다. 어른이 되어 우리는 기대했던 것을 항상 얻는 것은 아니라는 것을 배운다. 목표 근처에도 가보지 못하는 경우도 있다.

행복하고 충만한 삶을 사는 자들은 유연하며 성숙한 어른들이다.

유연함은 삶의 방식에 변화가 초래할 때조차도, 그것을 우리 삶에 반영시킬 수 있음을 의미한다.

> 나에게 유익한 변화를 모색하기를 두려워하지 않겠다.

0727

성숙함을 보여주는 한 가지 방법는
현실에 대한 건강한 존경심이다.
현실에서 화사한 내일의 희망을
떼어내는 어려움을
냉정하게 평가하는 것에서
분명하게 나타난다

—로버트 H. 데이비스 (Robert H. Davies)—

'옛날에 그랬다면 얼마나 좋았을까.'라는 의기소침한 생각에 빠져 삶을 영위하고 싶지 않다면 우리의 모습이 어쩌다 이렇게 되었는지 평가할 수 있다. 이제부터는 잃어버린 시간에 대한 회한의 감정을 접고 가능성에 집중할 수 있다.

예전에 스스로 세웠던 목표 가운데 어느 것 하나라도 이룬 것이 없다면, 새로운 목표를 세워서 한 번에 하나씩 이루어갈 수 있다.

우리에게는 여생이 있다. 도전적이고 이룰 수 있는 새 목표를 현실적으로 구체화할 수 있다.

> 나는 현실적인 목표를 세우고, 지금보다 더 좋을 수는 없다는 사실을 깨닫겠다.

0728
인생은 짧은 촛불이 아니다. 그것은 다음 세대에게 넘겨주기 전에 찬란하게 불태우고 싶은 화려한 횃불이다

— 조지 버나드 쇼 (George Bernard Shaw) —

삶의 화려한 횃불이 우리 일상을 비출 수 있다는 것은 얼마나 큰 행운인가?

우리의 '작은 촛불' 하나하나가 각각 우리의 강인함을 나타낸다고 가정한다면, 그것들을 녹여 희망의 횃불로 만들 수 있다.

여생을 어떻게 사느냐는 전적으로 우리 자신의 몫이다.

횃불을 밝히자!

🕊 나는 기꺼이 삶의 가능성을 보고 거기에 따라 행동할 것이다.

0729
긍정적인 자세가 인생의 초기에 확립된다면, 지속적인 건강을 유지하는 데 가장 중요한 토대가 될 것이다

— 헬렌 헤이즈 (Helen Hayes) —

 긍정적인 자세와 고귀한 자존심은 훌륭하지만, 우리 모두가 인생의 초기에 그것을 개발하는 행운을 누릴 수 있는 것은 아니다. 강력한 대처 전략을 개발하지 않았다고 해서 지금도 그럴 기회가 없다는 뜻은 아니다.

 스트레스가 많은 시간, 특히 건강문제와 관계된 시간을 겪고 있을 때, 우리에게 고귀한 자존심이 있는 것처럼, 거뜬히 극복할 수 있는 것처럼 행동함으로써 용기를 키울 수 있다. 놀랍게도, 정말 그렇게 된다는 것을 알게 될지도 모른다.

> 스트레스가 많이 쌓이는 시간으로 인해 나 자신에게 부족한 성격을 볼 수밖에 없다. 긍정적인 태도를 개발하기 위해 노력할 것이다.

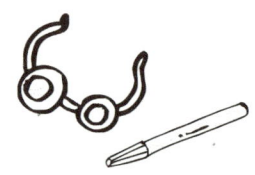

0730
충고를 들으면서 내키지 않는 마음으로 받아들일 것은 아무것도 없다

— 조세프 애디슨 (Joseph Addison) —

어린 시절 우리들은 대개 충고를 잘 받아들이지 않았다. 부모님께서 훈계의 말씀을 하셔도 듣기를 거부하기가 일쑤였다. 우리에게는 독립이 필요했기 때문이다.

친구들이나 가족들이 조언을 할 때, 아직도 어린 시절에 그랬듯이 똑같은 반응을 보일 때도 있을 것이다. 우리에게는 여전히 독립이 필요하며, 충고 가운데 어떤 것은(아무리 좋은 뜻을 가지고 있더라도) 두 눈 똑똑하게 위험을 보고 선택사항을 알 수 있는 능력이 우리에게는 떨어졌다는 암시를 던진다.

이제는 우리에게 주어지는 메시지를 숙고하는 능력이 커졌다. 사랑하는 이들이 우리에게 듣기에 온당치 않은 조언을 할 때, 그들은 좋은 뜻으로 그냥 고맙다고 말하고 싶었던 것이라고 다짐하는 것이다. 충고가 좋을 때, 우리도 같이하면 된다.

✈ 나에게 사랑스러운 충고로 주어지는 모든 것에 신중하게 귀 기울이겠다.

0731
행복에서 고통까지는 한 걸음이다. 고통에서 행복까지는 끝이 없다

— 유태인 격언 (Jewish Proverb) —

    정상적인 건강을 상실하면 의지가 아주 강한 사람조차도 흔들린다. 흔들릴 듯 미묘한 순간 우리 삶은 비틀거리는 것처럼 보인다. 우리가 기대했던 모든 것, 계획했던 모든 것들이 영원히 끝난 것처럼 보인다. 이 고통을 헤쳐나갈 수 있는지 알 수조차 없다.

    한동안 물속에서 사는 것처럼 보이기도 할 것이다. 분명하거나 간단한 것은 보이지 않는다. 한때는 우리에게 즐거움을 주었던 일들은 사라져버리고, 슬픔이 그 자리를 차지한다. 친구들은 도움을 주지만, 결국 상실감은 혼자서 맛본다.

    그러다가 삶이 하나의 과정인 것과 마찬가지로, 슬픔도 하나의 과정이라는 사실을 이해하게 된다. 포용과 평온을 향해 전진할 수 있을 것이며, 마침내 우리는 다시 행복할 수 있는 것이다. 우리는 계속 살아갈 수 있다.

> 슬픔은 시간이 걸리지만, 결국은 끝난다는 것을 알기에 위로를 받는다.
> 나는 계속해서 성장할 수 있다.

8월
AUGUST

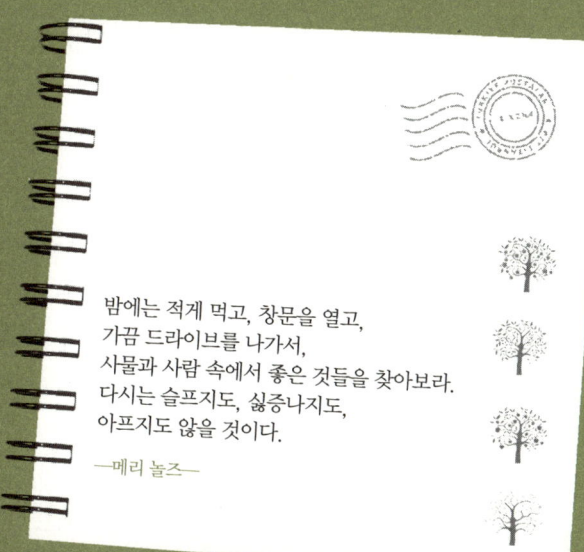

밤에는 적게 먹고, 창문을 열고,
가끔 드라이브를 나가서,
사물과 사람 속에서 좋은 것들을 찾아보라.
다시는 슬프지도, 싫증나지도,
아프지도 않을 것이다.

─메리 놀즈─

0801

> 고요하게 희뿌연 여명이
> 하늘을 들어 올리고
> 언덕을 멀리 밀어낼 때,
> 마음속의 영광을
> 느낀 적이 있었다네

— 에드윈 마크햄 (Edwin Markham) —

　세상은 하나의 천체이고, 우리는 그것의 한 부분이다. 하지만 우리 삶의 세세한 부분, 부당하게 얽힌 한계 속에 너무 깊이 빠져 있어서, 나머지 세상에 문을 닫고 그것을 잊는 때가 있다. 아무것도 보이지 않는다. 아무것도 들리지 않는다.

　하지만 세상에 다시 들어온다면, 자연의 균형은 우리에게 평화와 위로를 준다. 화려한 색조, 꽃의 향기, 산들바람에 흔들리는 나무들의 아름다움은 우리의 아름다움이기도 하다. 삶의 소리에 에워싸여 봄의 숨결을 호흡한다. 세상과 함께라면 모든 것이 반듯하고, 그래서 우리는 모든 생명과 함께 하나가 된다.

🍃 오늘, 활기찬 세상에 살아 있다는 것만으로 기쁨과 의미를 찾겠다.

0802
필요에 따라 사용하는 고집은 유익할 때가 있다
— 헨리 워드 비처 (Henry Ward Beecher) —

고집불통이라는 말은 생각이나 행동을 고치기를 거부하는 아이들을 묘사할 때 많이 사용된다. 다른 사람들이 우리에게 고집불통이라고 부르는 것을 원치 않지만, 고집은 온당한 상황에서는 우리에게 필요한 속성일 수도 있다.

우리가 원하는 것, 우리 자신의 모습에 대해 고집을 부리고, 끝까지 놓지 않는 것이 우리에게 유익할 때가 있다. 우리 자신에 대한 믿음과 고집은 힘겨운 날들을 살아내는 데 꼭 필요한 것일 수 있다. 우리는 정말 헤쳐나간다. 우리가 어리석어서 그런 것이 아니라, 우리의 성숙함이 방향감각을 유지할 수 있도록 말을 건네기 때문이다.

나는 힘이 닿는 한 자립심을 지키겠다.

0803
우리의 책임에 대해 진정한 결정을 내린다
— 엘리노어 루즈벨트 (Eleanor Roosevelt) —

우리 가운데는 자신의 인생이나 가치에 대해 다시 돌아보기 시작한 사람들이 많다. 나의 행동이 자랑스러운가? 내가 한 일은? 이 결정이 나에게 진정한 이익이 되는지? 서로에게 영향을 끼치는 강인한 관계를 갖고 있던가?

이젠 우리 자신을 덜 속이고, 다른 사람을 속이려고 하지 않는다는 것이 이 고찰이 낳는 그럴듯한 결과일 수 있다. 진정한 우리의 모습, 그리고 우리에게 중요한 것에 대한 발견은 더 큰 정직함으로 우리를 나아가게 만든다. 친구나 가족 구성원들에게 우리가 했던 말이나 행동에 대해 보상할 수가 있다. 별 머뭇거림 없이 도움을 청하고, 해를 입었다고 생각할 때 타인에게 말할 수 있다. 무엇보다 좋은 것은, 낡은 피해 의식에서 벗어나 우리 삶에 대한 책임감을 되찾았다는 것이다.

> 나는 오늘부터 행복한 마음으로 책임 있는 결정을 내릴 것이다.

0804
오늘은 마음과 가슴에서 가장 고결한 자질을 표현하고, 그동안 미뤄왔던 것 중에서 가장 가치 있는 일을 하는 날이다

— 그렌빌 클라이저 (Grenville Kleiser) —

사람들의 능력과 수준에 따라 다양한 자원봉사활동이 있다. 중요한 자질은 타인에 대한 배려이다. 매일매일 우리는 다른 누군가의 삶과 달라질 수 있는 기회를 부여받는다. 지역 합창단에서 노래하거나, 아마추어 밴드에서 연주하기로 마음먹을 수 있다. 아니면 시력이 떨어진 사람들을 위해 책을 읽어주거나 편지를 쓸 수도 있다.

자원봉사활동!

놀라운 일은 우리의 능력이나 삶, 보살핌을 함께 나누는 그 단순한 행동에서 거둬들이는 이익이다. 이러한 행동은 우리 사이에 존재하는 연대감을 굳건하게 만든다. 우리는 자신이나 자신의 한계에 대한 집착에서 벗어날 수 있고, 삶의 주류 속으로 들어갈 수 있다.

오늘부터 나의 능력과 재능을 타인과 나눌 것이다.

0805

장애는 나의 일부이다.
원한이나 편견, 증오와 같이
별로 드러나지 않는
타인의 장애와도 화해했다

— 진저 허튼 (Ginger Hutton) —

    병을 안고 살다 보면, 장애란 반드시 신체에 국한된 것은 아니라는 사실을 배우게 된다. 두려움이 장애를 낳고, 편견이 장애를 낳고, 사회에 대한 거리감이 장애를 낳는다는 사실을 이해하기 시작한다.

    자신의 한계나 타인의 한계와 화해하는 능력을 우리는 점점 얻어가며, 이렇게 하면서 받아들여야 하는 것과 그렇지 않은 것을 보는 통찰력을 얻는다. 우리가 어떻게 해볼 수 있는 한계가 있는가 하면, 평온함을 위하여 받아들여야만 하는 것들이 있다는 것을 인식한다.

✈ **내 아량이 늘어날수록 한계가 줄어든다는 것을 인식하겠다.**

0806

**당신이 정말 불행할 때,
세상에는 당신이 해야 할 일이
있다는 것을 믿어야 한다.
당신이 타인의 고통을
덜어줄 수 있는 한, 삶은 헛되지 않다**

— 헬렌 켈러 (Helen Keller) —

하루하루 거듭되는 문제의 무게에 짓눌리게 되면, 어떻게 헤쳐나갈지 앞이 캄캄해질 수 있다. 그런 시기에 가장 어려운 세 가지 일은 바로 우리가 해야만 하는 것들이다.

첫째, 우리는 정말 감정의 위기에 처했다는 것을 스스로 인정해야 한다.

둘째, 사회에 손을 내밀어 도움을 받아야 한다. 우리가 말하지 않는다면 사람들은 우리에게 도움이 필요하다는 것을 절대로 알 수 없다. 헤아릴 수 없이 많이 퍼져 있는 봉사단체들이 우리를 위해 대기하고 있다.

셋째, 우리 자신을 넘어서 고통받는 다른 이들을 향해 손을 내밀어야 한다.

> 관심을 베푸는 사람들과 연계함으로써 나 스스로를 돕는 것은 나의 능력이다.

0807

밤에는 적게 먹고, 창문을 열고,
가끔 드라이브를 나가서,
사물과 사람 속에서
좋은 것들을 찾아보라.
다시는 슬프지도, 싫증나지도,
아프지도 않을 것이다

— 메리 놀즈 (Mary Knowles) —

　우리가 어떤 문제에 사로잡히면, 계속 확대되고 반복하고 또 확대될 것이다. 우리에게는 모두 힘겨운 시간이며, 삶이 도대체 의미가 있는 것인지 확신할 수 없는 시절이 있다. 삶의 방향이나 속성을 제어할 힘이 우리에게는 없는 것 같은 느낌이 든다.

　하지만 마음의 끈을 조금만 늦추고 우리가 내릴 수 있었던 수백 가지 작은 선택을 기억할 때, 우리 삶의 현실을 얼마간은 받아들일 힘이 커진다. 우리 힘으로 나아질 수도 없고 다른 이들을 변화시킬 수도 없지만, 선택은 할 수 있으며, 우리 몫인 결정에 대해 책임질 수 있다.

> 내가 다룰 것이 아닌 결정이나 문제를 놓아 버림으로써 삶을 단순하게 만들 수 있다.

0808

맹목적인 자기애로 인해 자신의 결점이나 약점을 볼 수 없게 되는 경우가 아니라면, 사람은 혼자 힘으로 많은 것을 할 수 있다

— 마르타 윌슨 (Martha Wilson) —

숨바꼭질을 기억하는가? 나무 뒤에 숨었다, 찾아라! 하던 것이 생각나는가? 다른 사람들에게서 몸을 숨길 수 있다고 분명하게 확신하던 그때는 얼마나 아름다웠는가? 이제 우리는 어른이 되었고, 누군가는 우리가 더 이상 숨을 수 없다고 생각할지도 모른다. 하지만 불행하게도 이것이 늘 진실은 아니다. 우리 가운데 습관이 되어버린 부정적인 행동 속에 자신을 숨기는 사람이 많다.

자신의 약점을 바라보는 일은 어려운 작업이다. 우리에게 성격상의 결함이 있다는 것을 이해하지만, 이미 익숙해져 버린 방식을 바꾸기가 두렵다. 문제가 있는 것을 인정할 수 있다면, 첫걸음은 내딘 것이다. 변화를 모색하는 것은 다음이다. 결국, 우리는 더 이상 숨지 않는다.

> 부정적인 나의 행동을 인정한다면 자기 향상은 내 손안에 있음을 인식할 수 있다.

0809

사람들은 슬픔에 빠지면, 아무것도 하지 않는다. 자신의 상황을 놓고 절규할 뿐이다. 하지만 분노를 품게 되면 변화를 일으키는 것이다

— 말콤 X (Malcolm X) —

난치병을 앓는 이들 가운데는 커다란 분노를 느끼는 경우가 많은데, 분노를 다스리는 방법을 선택할 수 있다. 분노를 부정하기만 한다면, 우리는 스스로 고립되어 견딜 수 없는 슬픔으로 감각을 잃을지도 모른다. 아니, 사랑하는 사람들에게 심한 말을 퍼부을지도 모른다.

보다 건전한 선택은 우리의 분노, 분노할 수 있는 권리를 인정하는 것이다. 우리는 질병에 시달릴 만한 이유가 없다. 고통도 마찬가지다. 이렇게 정직한 반응을 보이게 될 때, 우리는 자유롭게 포용과 행동을 향해 나아갈 수 있다. 우리 한계를 수용할 때, 그 한계가 아무리 불공평하다고 하더라도, 삶에 필요한 변화를 만들 장소며 방법, 시기를 정할 수 있다.

✈ **나의 분노는 온당한 방법으로 사용한다면 성장으로 나를 이끌 수 있다.**

0810
비참하다고 해서 자신의 불행에 대해 떠들고 싶지 않은 사람은 별로 없다

— 마리아 에지워스 (Maria Edgeworth) —

"그 녀석과의 대화에 너무 오래 빠져 있지 말거라. 자기 문제만 떠들어대서 죽도록 싫증나게 할 테니까."

우리는 모두 어떤 사람을 조심하라고 하면서 이런 말을 들었던 경험이 있다. 심지어 우리가 다른 이들이 피하려고 하는 '그 녀석'이었던 시절도 있었다. 우리가 걱정거리를 강조하는 것은 정상이며, 모두가 거기에 대해 떠들고 싶어 한다. 건강문제가 존재하는 지금, 우리 어깨에 얹힌 책임이 있다.

무엇을 하고 있는지 의식하고, 정말 알고 싶어 하고 알 필요가 있는 사람들에게 지루한 의학적 대화를 아낌으로써 문제를 최소화할 수 있다.

> 변화된 건강 방식과 더불어 사는 법을 배울 때 신중함은 나의 표어가 될 것이다.

0811

중요한 결정을 내리기에 앞서 누군가 당신의 손목을 부여잡는다. 그것은 암흑 속에서 언뜻 비치는 황금의 빛.

— 대그 해머스퀼트 (Dag Hammarskjold) —

결정을 내리는 것만큼이나 외로운 것도 없다. 사랑하는 애완견을 안락사시켜야 할 때 가족이 겪는 감정을 상상해 보라. 부모는 상황을 제대로 이해하기 때문에 결정자 역할을 해야 한다. 전직을 고려하고 있다면, 우리의 직계가족과 우정에 영향을 끼칠 것이다.

어떤 사람이 도움의 손길을 내밀 때, 굶주린 사람이 음식을 반기듯, 우리는 그 손길을 반긴다. 거기에는 긍정과 감정 이입이 들어 있기 때문이다. 결정은 여전히 어렵지만, 그것을 극복할 수 있는 내면의 강인함이 우리에게는 있다.

✈ 나 자신을 믿지만, 결정을 내릴 때는 타인의 도움을 흔쾌히 받겠다.

0812
인생은 크건 작건, 수많은 불행으로 가득하다
— 아그네스 레플리에르 (Agnes Repplier) —

고질적인 통증에 시달리는 사람들은 고통을 치유하거나 해결하기 위해서 아주 많은 시간을 보낼 때가 있다.

비현실적인 목표 때문에 우리 일상을 비참하게 만들 이유는 없다. 고통과 불편함을 안고 우리가 할 수 있는 최선을 다해 사는 법을 배우는 것은 중요한 불행을 사소한 불행으로 만드는 유일한 방법이다.

✈ 내 삶에 균형을 추구함으로써 감성적으로 완전해지도록 노력할 것이다.

0813
당신의 목적을 위해 사람들을 이용한다면, 그들은 그들의 목적을 위해 당신을 이용할 것이다

— 이솝 (Aesop) —

모임에 참석할 때, 온통 사람들의 눈길을 끄는 이들은 깁스를 하거나 수술을 끝낸 지 얼마 안 된 사람들이지 않은가? 맨 처음, 건강이 변하면 우리는 다른 이들의 동정을 사기 위해 행동하려고 할지도 모른다.

결국 우리들은 대부분 서로 다른 욕구가 있다는 사실을 이해하기 시작한다. 우리의 욕구는 다리가 부러진 사람의 욕구보다 오래 지속된다. 이것을 깨달으면, 우리의 욕구가 채워지지 않는다는 사실에 분노할 수도 있다.

우리의 감정이나 우리의 욕구가 무엇인지 타인에게 알리는 것이 우리에게 달려 있다는 사실을 깨닫는다. 그런 다음 우리는 연민이 아니라 이해를 구할 수 있다.

> '병든 자'의 역할을 개척하는 것은 경계해야 할 필요가 있는 행동이다. 나는 이것을 인간적인 도전으로 받아들이겠다.

0814
육체의 힘은 영혼의 힘이 주는 충격을 영원히 견딜 수 없다

— 프랭클린 델라노 루즈벨트 (Franklin Delano Roosevelt) —

우리 가운데 몇몇은 육체의 장애로 인해 불가지론에 빠지거나 더욱 영적으로 변하게 된다. 회색빛 그늘에 머무는 사람들은 거의 없다.

우리 가운데서 전능한 신을 발견하거나 영성의 감각을 회복할 만큼 운이 좋은 사람들은 삶의 어느 순간에도 우리와 함께 머물 영혼의 힘에 대해 깊고도 변치 않는 믿음을 느낄 수 있다.

영혼은 모든 건강문제를 초월한다. 우리는 위로와 의지를 마음껏 요청할 수 있다. 믿음은 기분이 우울할 때 우리를 격려하며, 우리 삶의 모든 국면을 풍성하게 고양시킬 수 있다.

▼ 내 안에서 움직이는 영혼의 힘은 나에게만 있는 것으로, 은밀하게 나누고 지켜야 하는 것이다. 그것은 언제나 나의 삶을 고양시킬 것이다.

0815
삶이 쌓여가면서, 우리 능력의 한계를 배운다
— J. A. 프라우드 (J. A. Froud) —

어린 시절 우리가 품었던 고상한 목표가 기억나는가? 거기에는 최고가 되고, 세상의 모든 아이들을 구하며, 돈을 많이 버는 것도 포함된다. 우리는 대통령도 될 수 있었고, 불을 끄거나 무대에 설 수도 있었다. 어린 시절에 이루지 못할 것은 아무것도 없었다. 나이가 들어갈수록, 우리는 더욱 현실적인 모습이 된다. 우리가 할 수 없는 일, 모든 가족 시스템이 제대로 돌아가지는 않으며, 인간이 모두 행복한 것은 아니라는 사실을 깨닫기 시작한다.

우리는 한계를 배웠으며, 현실적인 형태로 삶을 영위하고 있다.

▼ 나 자신의 한계에 대한 깨달음으로 인해 현실적인 목표를 세울 수 있다. 나는 성공할 수 있다.

0816

삶을 두려워 마라.
삶은 살 만한 가치가 있으며,
이런 믿음이
그 사실을 만들어내도록 할 것이다

― 윌리엄 제임스 (William James) ―

'삶은 살 만한 가치가 있다'는 말은 개인적으로 심각한 갈등을 겪는 사람에게는 온당치 않아 보일지도 모른다. 어깨 한번 두드려주고, 껴안아준다고 해서, 우리가 경험하고 있는 모든 것이 인생을 '가치 있는 삶'으로 만든다고 확신하기에는 충분하지 않다.

가치 있다는 느낌은 진행 중인 과정이다.

절친한 친구와 커피 한 잔을 마시면서 마음 놓고 우는 것, 절대자의 지혜와 보살핌을 받아들이는 것, 아니면 숙달된 전문가에게서 도움을 구하는 것, 이 모든 행동들은 이렇게 말해준다.

"나와 내 삶은 가치가 있다."

> 나 자신을 도움으로써, 삶은 가치가 있다는 나의 믿음에 따라 행동할 것이다.

0817
슬픔은 일종의 피로 외에는 거의 아무것도 아니다

— 앙드레 지드 (Andre Gide) —

　살아가다 보면 삶이 조금 덜컹거리는 시기가 있다. 이따금 일의 무게에 짓눌리거나, 인생 전반의 무게에 짓눌려 녹초가 될 때가 있다. 피로하면 슬픔이 찾아온다. 우리가 기대했던 대로 일할 수 없는 데서 오는 슬픔, 우리가 원하는 대로 보고 느낄 수 없는 데서 오는 슬픔, 혹은 애통함으로 인한 슬픔. 우리 자신에게 미안한 느낌이 들거나 피로로 인해 온몸이 굳어버릴 것 같은 기분이 들지도 모르겠다.

　피로는 슬픔이 취하는 많은 형식 가운데 하나라는 사실을 우리는 인식한다. 슬픔과 무력감이라는 감정은 친구나 의사에게 털어놓으면 반감될 수 있다. 그렇게 되기를 기대할 뿐만 아니라 정말 그렇게 할 수 있다. 정말 감히 우리는 그렇게 할 수 있다.

> 너무 피곤하거나 슬프다는 느낌이 들 때, 내 문제에 대해 솔직하고 정직해질 수 있다. 피로의 뒤로 숨는 것은 슬픔만 만들어낼 뿐이다.

0818
그대는 그대 자신의 지식에 따라 타인을 판단하려 할 뿐이다

— 칼릴 지브란 (Kahlil Gibran) —

우리들 가운데는 타인을 기쁘게 만들려고 노력하며 인생의 중요한 시기를 다 보내 버린 사람들이 많다. 이제는 우리 자신을 기쁘게 만드는 법을 배우고 있다. 우리 자신의 능력을 벗어나 손을 내밀 필요는 없다는 사실을 이제는 이해한다.

육체의 건강은 한정되고, 감정의 건강은 한계점에 이를 정도로 뻗어나가는 지금, 우리 주변의 사람들에게도 그들만의 심각한 문제가 있다는 사실을 깨닫기 시작한다. 이기적인 마음을 버리고 손을 내밀면, 도움이 될 수 있다. 무심결에 우리 자신의 행동이 낳은 이익을 거둬들일 것이다.

> 한계를 인정함으로써, 그 어느 때보다도 친밀하게 나 자신을 알아가기 시작한다. 지금껏 이용되지 않았던 나의 잠재력을 알아가고 있다.

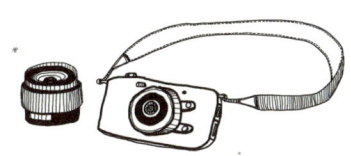

0819

<u>과거는 갓 따낸 신선한 딸기 상자와</u>
<u>같아서 잘 추려내야 한다.</u>
<u>씻어내고, 적당하게 단맛을 내어</u>
<u>아주 조금만 내놓아야 한다.</u>
<u>그것도 아주 가끔</u>

— 로라 파머 (Laura Palmer) —

과거 속에 머물면서, 내일의 모습보다 과거가 훨씬 좋았다고 속으로 말하는 사람들이 많다. '옛날엔 그랬지.'라는 생각으로 사는 것은 위험하다. 삶의 변화를 받아들이기가 훨씬 어렵기 때문이다.

삶이 우리 경험으로 인해 형성되고 모양을 갖춘 방법을 상기시킬 때, 그것은 건전한 추억이다. 우리에게는 현재의 기쁨과 과거의 달콤한 추억이 모두 있기 때문에 삶은 매일 조금씩 나아진다. 오늘을 살아내고, 오늘과 어제의 모든 것을 감사함으로써, 우리는 살아남을 뿐만 아니라 마음의 행복과 평화를 얻는다.

> 나는 과거에 살지 않겠다. 대신 하루하루를 새롭고 유망한 것으로 보겠다.

0820

젊은이와 모험가에게 위험이나 난관, 고생이 반갑지 않듯이 초췌하게 나이 든 사람들, 병들고 불행한 사람들에게 휴식은 반갑지 않다

— 패니 버니 (Fanny Burney) —

일주일 동안, 10살짜리 소년은 단독 비행으로 미국을 횡단하고, 80세가 넘은 할머니가 에베레스트를 등반하였다. 우리 가운데는 마음이 아찔한 사건을 원치 않는 사람들이 있다. 하지만 모험을 즐기는 시기와 고요가 필요한 시기는 따로 있다. 굳이 나이와 연관 지을 필요는 없다.

나이에 대한 우리의 염려가 신체적인 능력보다 제약을 훨씬 많이 줄 때가 있다.

"내 나이에 이렇게 행동해도 되는 걸까?"

"그런 일을 하기에는 너무 늙은 것 같아."

이런 생각들로 인해 우리는 새로운 기술을 개척하고 배우며 습득할 수 없게 된다. 나이와는 관계없이 우리의 방향을 선택할 수 있다.

오늘 내 앞에 놓인 가능성을 볼 때 나이와 관련된 편견은 제쳐놓겠다.

0821
오직 그대 자신만이
평화를 만들 수 있다
— 랠프 왈도 에머슨 (Ralph Waldo Emerson) —

진정한 평화는 우리 내면에서 느끼는 조화로부터 나온다. 밖으로 나가서 마음의 평화를 얻을 수는 없다. 그것은 우리의 행동이 낳은 산물이다.

우리를 걱정스럽게 만드는 문제들과 정면으로 부딪쳐야 할 때, 쉬운 일은 하나도 없다.

이 말은 우리 내면의 평화를 얻기 전에 문제를 모두 해결해야 한다는 뜻은 아니다. 인생이란 산길과 같아서 굴곡이며 모퉁이, 그리고 예기치 않은 장애물이 나타나기 때문이다.

지금 이 순간이 주는 선물을 소중히 여길 때 평화를 얻기가 훨씬 수월해진다.

> 삶 속에서, 평화는 나와 함께 시작된다. 평화는 영혼의 상금이며, 누구나 가질 수 있다는 사실을 명심하겠다.

0822

나에겐 통풍(痛風)과 천식, 그리고 나머지 일곱 가지 질병이 있다. 하지만 이것들만 빼면 나는 아주 건강하다

— 시드니 스미스 (Sydney Smith) —

자신의 길을 가로막는 문제들에 대처할 능력이 있는 사람들을 보면 경외감이 든다. 그들에게는 마법의 손길이 있는 것처럼 보인다. 그들은 강인하여, 육체에 일어난 일들에서 감정적, 영적 자아를 아주 쉽게 떼어내는 것처럼 보인다.

항상 행복을 찾아내는 사람들이 있다. 그들은 혼란스러운 상황에서도 진정으로 웃음을 발견한다. 걱정거리를 다루는 그들의 명백한 능력을 보며 우리는 질투심을 느낄지도 모르겠다. 하지만 그들 역시 끔찍한 삶의 위기와 소모적인 관계, 암 투병, 혹은 고질적인 건강상의 난관을 헤쳐나왔다.

마법의 손길은 없다. 감동적인 경험만 있을 뿐이다.

> 나에게 문제가 많을 수 있지만, 그것만 아니라면 좋다는 권리를 나 자신에게 줄 수 있다.

0823
구름으로 그대의 햇살을 망치지 마라, 그대는 볼 수 없어도, 햇살은 언제나 그대 안에, 그대가 허락할 때 빛나기 위해 준비하고 있기 때문이다

— 에이미 미셸 피첼 (Amy Michelle Pitzele) —

이 인용구를 썼을 때의 나이는 겨우 아홉 살이었다.

감탄할 만한 지혜의 말들이 아이들의 입에서 튀어나올 때가 있다. 어린아이가 어디서 그런 종류의 지혜, 그렇게 깊은 이해를 얻었을까?

우리 안에서 아이의 마음이 살아 숨 쉬도록 노력할 수 있다. 또한 구름 낀 날이 올 때조차도, 햇살은(우리의 미소는, 희망은, 꿈은) 언제나 빛날 준비를 하고 있다.

📩 **오늘부터, 바깥의 날씨가 어떻든지, 나만의 태양은 내 안에서 빛날 것이다.**

0824
사랑이 옅어지는 곳에 허물이 쌓인다
— 제임스 하우웰 (James howell) —

사랑하는 사람들의 허물을 모른 척할 때가 많다. 아니 오히려, 사랑에 눈이 멀어 그들의 허물을 모른 척할 필요조차 없을 때가 있다. 우리 눈에는 그것이 보이지도 않으니까.

하지만 우리의 사랑이 흔들리고 우정이 약해진다면, 친구들에게서 결점이 수도 없이 많았던 것처럼 보인다. 이런 일이 생길 때, 우리는 관계나 우리 자신을 재평가하는 법을 배운다. 사랑하는 이들이 예전보다 못하다고 결론을 내리기보다, 변화는 우리 안에서 일어났다는 것을 알게 된다. 그런 다음 다시 노력할 만큼 우정이 중요한 것인지 결정한다. 중요하다고 생각할 때, 한때 우리가 지녔던 신뢰와 커뮤니케이션을 회복하기 위해 노력한다.

> 우정을 도로 쌓느냐 버리느냐를 결정하는 것은 나에게 달려 있을 때가 많다.

0825
할 수 있는 일보다, 할 수 없는 일을 찾는 것이 더 중요할 때가 있다

— 린 유탕 (Lin Yutang) —

한계를 이해하는 것은 우리의 인생에서 중요하다. 성숙해지며, 자연스럽게 낡은 꿈들을 버리고 새로운 꿈을 키운다. 우리의 능력이 닿는 것, 그리고 아직 이룰 수 있는 것들에 대해 재평가하고, 우선권을 정하고, 찾아내기 시작한다. 그러면서 우리는 키가 크지도, 부자도, 잘생기지도, 아니 그렇게 똑똑하지도 않다는 것을 이해한다.

정상적인 것을 찾는 방법, 우리 삶에 새로운 조화를 건설하는 방법을 배운다. 우리의 모습을 그대로 받아들이는 법도 배운다. 우리 삶에 변화를 받아들이는 것에는 쉽게 치유되지 않는 건강상의 문제로 일어나는 변화도 포함된다. 정말 견디기 힘든 도전이기도 하지만, 이 병 역시 극복할 수 있는 능력 안에서 우리는 성장할 것이다.

 인생의 새로운 조화를 발견하기 위해 끊임없이 분투하겠지만, 그것은 나의 능력이 미치는 성장과정임을 알고 있다.

0826

우정이란 화창한 날씨에 두 사람이 타고도 남는 한 척의 배이다 하지만 찌푸린 날씨에는 한 사람만 탈 수 있는 한 척의 배다

— 앰브로즈 비어스 (Ambrose Bierce) —

기회만 주어진다면, 우리의 우정이 안고 있는 괴로움, 두려움, 고통을 피하지 않겠는가? 고질적인 우리의 건강상태에 대처할 능력이 없었던 친구들이나 가족 구성원들에 대해 판단을 내리기 전에, 우리 자신이 그들의 선택을 이해해야 한다. 그들과 마찬가지로 우리에게 같은 기회가 주어진다면, 고통이나 불편, 한계를 가지기로 선택하지 않았을 것은 분명하다.

우리를 버렸던 친구로 인해 상처를 받았지만, 이제는 그들을 용서할 때다. 버렸다는 것은 우리 친구에게 사랑이 없거나 배려가 없다는 뜻은 아니라고 스스로 마음먹을 수 있다.

🍃 **나를 떠난 이들을 용서하기 위해 노력하겠다.**

0827
낙천주의의 정수는 고개를 높이 쳐들고, 미래를 자신의 것이라 공언하며, 적 앞에서 포기하지 않는 것이다.

— 디트리히 본회퍼 (Dietrich Bonhoeffer) —

"그 여자는 항상 부정적인 면만 본다니까."
"그 남자는 항상 즐거운 미소를 짓고 있지."

이런 소리를 들은 적이 있다. 우리 모두 알고 있듯이, 낙천주의자와 염세주의자의 차이는 전적으로 그들의 태도에 있다. 염세주의자의 눈에는 삶에 대해 희망적인 것은 좀체 보이지 않는다. 이럴 경우, 삶은 지루하게 이어진다. 우리가 긍정적인 태도로 생각한다면 좋은 면만 보인다. 그 좋은 면은 우리 삶의 중요한 부분이 된다.

낙천주의자는 개인적인 문제와는 관계없이 아침에 일찍 일어나서 일을 하고, 친구나 가족과 함께 지내고 그날의 행복만큼 살아내려고 열심이다. 사람들은 낙천주의자에게 이끌린다. 그들의 즐거움은 주변에 있는 모든 이들을 비추기 때문이다.

> 인생은 사랑받기 위한 선택의 모험이지, 살아남기 위한 시련이 아니다.
> 나는 낙천주의와 기쁨을 선택한다.

0828
고통이 인생이다.
— 찰스 램 (Charles Lamb) —

우리에겐 모두 삶의 고통이 있다. 반드시 질병 때문에 생기는 고통이 아니더라도, 실패나 성공을 인식하며 생겨나는 깊은 감정상의 고통, 관계의 종말로 생기는 고통, 상실감으로 인한 고통, 비현실적인 목표를 포기하면서 받는 고통 등, 우리는 모두 고통을 경험한다.

고통은 경험의 기반을 넓히며 우리를 강하게도, 약하게도 만들 수 있다. 그리고 결국 삶의 짐과 기쁨을 지고 가야 할 사람은 바로 우리라는 깨달음도.

그러나 삶의 고통에는 보다 더 큰 의미가 있다. 고통에 어떻게 대처할 것인가, 고통을 만들어낸 것에 대해 어떻게 반응할 것인가, 그리고 제일 중요한 부분으로, 우리의 고통에 대해 타인이 어떻게 느끼도록 할 것인가 하는 것이다.

✈ 나는 생존자가 되기로 마음먹는다. 경험으로 나의 인생은 풍성해진다.

0829
지혜의 마음을 얻게 하라
— 시편 90편 (Psalm 90) —

우리는 어렸을 때에 평화니 조화니 하는 말은 별로 생각하지 않았던 것 같다. 있다고 하더라도, 감정에 대해 걱정 없이 달콤하고 유치한 삶을 살았을 뿐이다.

이제는 '마음과의 조우' '조화로운 사고' '세계의 평화' 같은 말을 자주 입에 올린다. 우리 능력이 닿는 한 인간적이고 정서적인 위로의 수준을 높이 끌어올리기를 우리 모두는 원하기 때문이다. 하루하루는 소중한 실재이며, 그 자체로 자연스럽게 특별하다는 것을 알기 때문에 깊어진 자부심을 얻는다.

 나를 에워싼 조화와 평화는 잡히기만 하면 나의 것이다.

0830
오늘이 주는 기본적인 사실은 인류의 생활에서 일어나는 거대한 속도이다

―자와하랄 네루 (Jawaharlal Nehru)―

우리가 안정되었다고 스스로 확신하는 순간, 또다시 변화할 수밖에 없는 일이 벌어진다. 우리는 카멜레온이 되어 변화에 마음을 열고 거꺼이 순응해야 한다. 그렇게 단순한 과정은 아니다. 삶은 가끔 전혀 예기치 않은 돌발 상황에 우리를 집어던지기 때문이다. 변화가 모두 긍정적인 것은 아니며, 아주 힘겨울 수도 있다. 예기치 않게 조부모가 될 수도 있고, 다른 도시로 이사를 가야 할지도 모른다. 배우자나 직장, 우리의 건강을 잃을 수도 있다. 이 모든 상황들은 더 큰 변화를 불러온다. 위기에 대처하는 행동 속에서 우리는 이제 진정한 어른이 된다는 사실을 깨닫게 해준다.

변화할 때마다 오래된 꿈을 버리겠다. 새로운 상황에 순응하는 나의 능력이 자랑스럽다.

0831
성숙한 인간은 깊은 혼돈 속에 있을 때조차도 객관적인 태도를 지닐 수 있는 사람이다

— 엘리노어 루즈벨트 (Eleanor Roosevelt) —

 예기치 못한 문제나 상황에 맞닥뜨릴 때, 화는 얼마나 쉽게 터져 나오고 눈물이 흘러내리는지 우리 대부분은 잘 알고 있다. 질병은 이런 감수성을 채근할지도 모르겠지만, 우리가 좀 더 엄격해져야 하는 것은 아닌지도 생각해 본다. 절대적인 것에 너무 집착한 나머지, 모든 일에 대해 바른 해답이나 온당한 반응을 보이길 원한 것은 아닌가?

 성숙은 때로 통제의 욕구를 버린다는 뜻이다. 우리가 대비할 수 없는 사람이나 사건들에 대해 아무런 준비도 하지 않음으로써 더 큰 평화를 발견하기도 한다. 절대적인 것은 아무것도 없으며, 그런 것처럼 살 필요도 없다.

 나는 기꺼이 새로운 생각을 떠올리겠다.

9월
SEPTEMBER

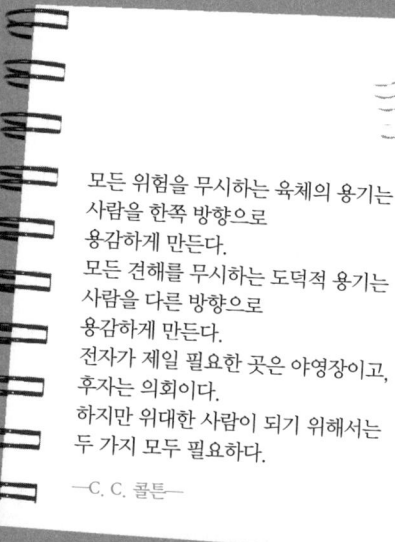

모든 위험을 무시하는 육체의 용기는
사람을 한쪽 방향으로
용감하게 만든다.
모든 견해를 무시하는 도덕적 용기는
사람을 다른 방향으로
용감하게 만든다.
전자가 제일 필요한 곳은 야영장이고,
후자는 의회이다.
하지만 위대한 사람이 되기 위해서는
두 가지 모두 필요하다.

―C. C. 콜튼―

0901
영성은 새와 같아서, 너무 꼭 껴안으면 숨이 막히고, 느슨하게 품으면 달아난다

— 이스라엘 살란터 립킨 (Israel Salanter Lipkin) —

영적인 태도는 꼭 종교적이라는 뜻은 아니다. 대신, 기쁨과 균형, 그리고 자연의 조화에 대해 깨어 있는 우리의 이해일 뿐만 아니라, 타인을 배려하는 인간 내면 깊숙한 곳의 깨어 있는 감각일 수 있다.

우리를 넉넉하게 위로하는 영성은 우리 안에서 조화를 추구하는 것에 바탕을 둔다. 신념을 고집스럽게 움켜쥐고, 우리에게 필요한 모든 것을 바라기만 할 때, 영성은 약해진다. 하지만 아예 아무것도 기대하지 않는다면, 영성은 사라져 버릴지도 모른다. 전능한 신에 대한 믿음의 기대치, 그리고 자신에 대한 책임 있는 믿음 사이에서 고귀한 조화를 발견할 때 영적인 삶은 강인해진다.

> 나는 일상의 충만함과 조화를 구하기 위해 애를 쓰고 있다. 어떤 경험은 조화를 변화시키지만, 다시 찾을 수 있다고 믿는다.

0902

코트는 나와 함께 편안하게 산다.
나의 주름을 모두 덮어주며,
내 몸 어느 곳 하나 아프게 하지 않으며,
나의 기형에 따라 형체를 만들며,
나의 움직임 하나에 만족한다.
나를 따뜻하게 만들어주기 때문에
그것의 존재를 느낄 뿐이다

— 빅토르 위고 (Victor Hugo) —

매년 봄 신학기의 기대감은 새로움에 대한 아이들의 사랑으로 불타오른다. 새로움을 즐기기도 하지만, 낡았어도 의지가 되는 것에서 위로를 발견하기도 한다. 우리에게는 좋아하는 찻잔이나 의자가 따로 있을지도 모른다. 세월을 넘기면서 우리는 믿음이 가고 의지가 되는 관계들을 발전시켜 왔다. 변화를 향해 마음을 열어놓으면서도, 낡고 친숙한 것에서 편안함을 느끼기도 한다.

나는 낡고 친숙한 것에서 위로를 찾을 수 있으며, 새롭고 낯선 것에서 자극을 받을 수 있음을 기뻐한다.

0903
나의 메시지는 마음의 평화이다
누구나 이룰 수 있다

— 버니 S. 지젤 (Bernie S. Siegel) —

건강문제만 해결되고 나면 마음의 평화를 회복할 수 있다고 생각하는 경향이 너무 흔하다. 하지만 마음의 평화는 나중이 아니라, 지금 당장 필요한 것이다. 병원 치료에는 해야 할 것들이 정해져 있지만, 영적이고 정서적인 강인함은 적극적으로 개발할 수 있다.

우리는 성공이나 실패의 개념으로 삶을 볼 것이 아니라, 긍정적인 자세와 믿음, 그리고 자기수용이라는 측면에서 바라봐야 한다. 이루어질 수 있는 것을 강조함으로써 삶의 목표에 다시 한 번 우선순위를 매길 수 있다. 선택을 하고 거기에 따라 행동하는 것은 힘겨운 시기에 필요한 평화를 우리에게 안겨준다.

🍃 정말 내 것으로 만들 수 있는 선택만 생각할 것이다.

0904
우리 내면의 인도를 따를 때, 비록 그 방향이 보편적인 논리를 뒤집어 우리를 위협할 때조차도, 불가능한 것은 하나도 없다는 것을 배웠다

— 제럴드 G. 잼폴스키 (Gerald G. Jampolsky) —

"늘 해왔던 대로 해." 이런 소리를 듣는다.

"운명에 맡겨. 다른 식으로 할 수도 있어."

반대의 목소리도 들린다. 우리 자신에 대해, 더 나은 방법을 찾기 위해 운명에 맡겨야 할 때가 있을 경우도 있다.

낯설고 먼, 불편한 길을 걸어 집으로 와야 한다면 어떻게 할까? 침묵을 지키기보다는 우리의 마음을 표현한다면 어떻게 될까? 우리가 모험을 감행할 때 좋은 일이 생길 수 있다. 아무 일도 생기지 않는다면? 그래도 새 길을 따라 집으로 왔다는, 다른 방법에서 의사소통이 이루어졌다는, 모험을 감행하는 데서 오는 기쁨을 알 수 있다.

  내면의 목소리를 따를 때, 나에게 주어지는 기회는 무한하다.

0905
노고를 들여서 거두지 않은 신념은 나의 것이 아니다

— 헤이브락 엘리스 (Havelock Ellis) —

우리의 믿음, 특히 자신에 대한 믿음이 엇나가는 시기가 있다. 직장을 잃거나, 건강을 잃거나, 부정적인 관계의 변화를 감당할 때 우리 믿음은 흔들릴 수 있다.

전능하신 우리의 신은 한결같다는 것을 명심하면 그 믿음은 다시 회복되기 시작할 것이다. 인간은 의심과 신뢰 사이를 오르내리지만, 우리가 언제나 받을 수 있는 보살핌을 반감시키지는 못한다. 그러한 믿음에 무릎을 꿇기만 하면 된다. 그러면 우리는 위로를 찾는다.

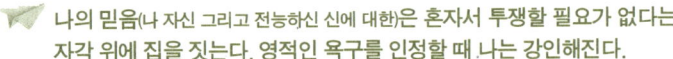 나의 믿음(나 자신 그리고 전능하신 신에 대한)은 혼자서 투쟁할 필요가 없다는 자각 위에 집을 짓는다. 영적인 욕구를 인정할 때, 나는 강인해진다.

0906
등을 대고 누워 잡초가 자라는 소리에 귀 기울이자. 그리고 그렇게 내버려 두는 법을 배워야 한다

― 마야 마네스 (Marya Mannes) ―

모든 일을 마무리해야 한다는 욕구에 마음이 쏠릴 때가 있다. 우리가 갖춰야 할 모습에 대한 내면의 감각이 우리에게 있으며, 우리는 그 기대를 만나기 위해 일한다. 하지만 우리는 친구나 동업자, 심지어 광고 매체에 대한 우리의 기대를 믿는 것 때문에 그 목표를 넘어 애를 써야 할 때도 있다.

오직 우리만이 어떤 기대가 만족스러운 것인지 결정할 수 있다. 하지만 그것보다 먼저, 추구하는 일이 정말 우리의 필요이며 목표라는 확신이 있어야 한다. 철자 순으로 정리된 양념 선반이나 조립 작업대가 아무런 만족을 줄 수도 없다면, 철자를 정리하거나 조립할 필요가 있겠는가? 완벽하게 다듬지 못한 잔디밭이 성가시지 않다면, 우리는 걱정을 버리고 잡초가 자라도록 하면 된다.

> 오늘부터 나의 목표, 기대에만 매달릴 것이다. 나에게 기쁨을 안겨주지 않는 것들은 버리겠다.

0907
위대한 것은 갑자기 만들어지지 않는다

— 에픽테투스 (Epictetus) —

　세계 7대 불가사의가 만들어지기까지는 수천 년의 세월이 걸렸다. 우리도 위대한 것을 만들 수 있지만, 우리 노력의 결과물은 서서히 나타나므로 인내심을 가져야 한다.

　우리는 위대한 불가사의 가운데 하나인 튼튼한 가족을 만드는 데 동참할 수 있다. 우리가 창조를 돕는 사랑, 그리고 가족의 전통은 세대와 세대를 거쳐 전해질 것이다. 우리가 이룬 것의 위대함을 당장 본다는 것은 그리 중요한 문제가 아니다. 정말 중요한 것은 노력을 기울일 수 있고, 보상에는 시간이 걸린다는 것을 아는 능력이 우리에게 있다는 사실이다.

> 나는 새로운 사고와 전통을 만들기 위해 인내심을 갖고 노력하겠다. 시간이 지나면 보상은 분명해진다는 것을 알기 때문이다.

0908
우리가 하는 독창적인 일은 실수 뿐이다

— 빌리 조엘 (Billy Joel) —

　우리는 모두 후회하는 결정을 내린다. 후회는 일을 바꾸지는 못하지만, 앞으로 더 나은 결정을 내리게 만든다. 결정을 내리는 과정 동안에도, 우리 마음을 바꿀 수 있는 순간이 있을 때가 왕왕 있다. 그럴 때, 우리는 우리가 하고 싶었던 말이나 행동을 다시 생각해 볼 수 있다. 우정을 위태롭게 할 만큼 중요한 것인가? 만약 그렇다면 어쩔 도리가 없다.

　하지만 대개 우리는 관계를 진심으로 유지하고 싶어 한다는 것을 발견한다. 논의되고 토론되거나 결정되고 있는 것에 관해서, 다시 보고 생각하는 것은 우리 자신과 친구 때문이다. 승리하거나 온당해지는 것이 관계만큼 중요하지 않을 때가 있다.

　　나는 중요하거나 그렇지 않은 것을 결정할 때 시간을 갖겠다.

0909
내가 변화시킬 수 없는 것들을 받아들 수 있는 평온함을, 사물을 변화시킬 수 있는 용기를, 그리고 차이를 알 수 있는 지혜를 주시옵소서

— 평화의 기도 (The Serenity Prayer) —

평화의 기도는 변화와 실망, 약물 중독, 혹은 갖가지 문제를 극복하려고 노력하는 수백만의 사람들을 위로한다. 우리가 지병의 현실에 대처할 때 이 기도는 우리에게 위로가 될 수 있다.

진전이 없거나 고통스러워하거나 실망할 때, 이 기도로 인해 우리는 삶을 전진시킬 수 있다. 우리가 안고 살아가는 지병과 타인의 느낌, 혹은 과거와도 같이 우리가 바꿀 수 없는 것들에 시간이나 정력을 낭비하고 있는 것은 아닌지 성찰하게 한다. 그렇게도 중요한 이 기도는 우리가 다스릴 수 있는 것들, 즉 우리의 자세, 변화에 대한 우리의 기꺼움, 그리고 오늘의 결과를 향하도록 가리킨다.

> 내가 변화시킬 수 있고, 없는 것들 사이에 존재하는 차이를 인식할 수 있는 지혜를 위해 기도할 것이다.

0910
현실세계는 호락호락하지 않고 거칠며 아슬아슬하다
— 클레런스 데이 (Clarence Day) —

우리는 행동 양식을 바꾸기 위해 위기상황을 기다리는 경우가 너무 많다. 우리는 모든 것을 바꿀 수는 없지만, 통제력 안에 있는 것, 즉 우리 행동을 철회할 수 있는 힘이 있다.

우리는 건강, 인간적인 성장, 그리고 영적인 삶에 대해 책임질 수 있다. 위기를 기다릴 필요는 정말 없다.

나는 변화를 몰고 가는 위기를 기다리기보다는 혼자 힘으로 적극적인 행동을 취할 것이다.

0911
세상은 사람들이 가지고 있는 성향에 따라 그들을 향상시킨다
— 레니어 기스티나 미셸 (Renier Giustina Michiel) —

"신 레몬을 먹고 있는 거야?"

위 문장을 생각해 보자. 세상이 레몬 한 보따리를 건네기라도 한 듯 늘 얼굴을 찡그리는 사람들을 많이 보아왔다. 상황이 어떠하든, 다른 사람들이 얼마나 행복하게 느끼고 있든, 이렇게 시무룩한 표정의 사람들에게는 언제나 그만한 이유가 있다.

반면 정반대인 사람들도 있다. 바로 항상 웃음에 젖어 있는 사람들이다. 상황이 아무리 힘겹더라도 문제가 되지 않는다. 그들은 언제나 웃을 이유를 찾는다. 두 유형은 모두 비현실적이다. 삶은 항상 달콤하지도 늘 시큼하지도 않기 때문이다.

우리는 이 두 가지 성격의 특성을 결합하여 인생의 흥망성쇠를 이해하고 온당하게 행동하는, 배려 깊고 자비로운 인간으로 변화할 수 있다.

> 나는 타인을 향해 행동하는 방법을 개발함으로써 개인적인 행복감을 고양시키겠다.

0912
우리와 다르게 생각하는 사람들에게 초연한 것과 마찬가지로, 편협한 마음, 어리석음, 오만함을 보여주는 특별한 징후는 없다

— 월터 세비지 랜더 (Walter Savage Landor) —

우리는 모두 오래전에 형성된 견해나 믿음을 지니고 있으며, 그것이 우리에게 어떤 영향을 끼치고 있는지에 대해서는 한 번도 생각하지 않는다. 우리와 다른 믿음이나 생각에 대해 배타적일 수도 있다. 때문에 우리와는 달라 보이는 사람들에게 특히 편협해질지도 모르겠다.

타인을 향한 우리의 믿음과 행동은 두려움에서 기인하는 건지도 모른다. 예기치 못한 것에 대한, 미지의 것에 대한, 잘못되는 것에 대한 두려움 말이다. 우리 삶을 지배하는 규칙이나 믿음에 대해 전적인 확신이 없기 때문에 우리는 그것에 대해 음미하기를 거부한다. 생각을 받아들일 필요는 없으며 사람만 받아들이면 된다고 스스로 다짐한다면 새로운 생각에 마음을 열어놓는 게 훨씬 수월하다.

🖅 나는 두려움 없이 새 생각이나 새 사람에게 마음을 열어놓을 수 있다.

0913
다음에는 뭐? 왜 묻는가? 우리가 알아야 할 모든 것을 이미 알고 있을 때에는 다음이 필요하다. 유일한 수단은 자신의 힘이다

— 대그 해머서쾰트 (Dag Hammarskjold) —

삶은 수많은 필요로 가득하다. 우리는 그것을 알고 또 기대한다. 우리들은 대개 시간에 앞서 알고 싶어 하지만, 스트레스에 대비하는 것은 불가능하다. 이런 일이 일어날 때, 극복을 하기 위해 우리가 가진 자원들(육체적이거나 정신적인)을 모두 이용할 필요가 있지만, 우리가 맞닥뜨리는 필요에 맞서기 위한 힘과 열정을 대개는 우리 안에서 발견한다.

> 나는 내면 깊숙한 곳에 있는 힘으로 삶의 위기에 대처할 수 있다는 것을 알기 때문에, "다음엔 뭐지?" 라고 더 이상 자문하지 않겠다.

0914
내 영혼을 초대하네,
유유자적함에 기대어 빈둥거리네,
여름날 잔디밭 새싹을 바라보며

— 월트 휘트먼 (Walt Whitman) —

우리는 알라딘이 되어 세 가지 소원을 빌 수 있게 되기를 원했던 적이 있었다. 부탁할 소원의 목록을 마음속에 만들어 놓았던 적도 있었을 것이다.

우리는 물질을 소유하는 것만으로 행복을 보장받을 수는 없다는 것을 안다. 부를 넘어 삶의 목표가 있어야 하고, 매일 아침 잠자리에서 일어날 이유가 있어야 한다는 것을 안다. 삶의 행보가 어떻든지, 건강상태가 어떻든지, 우리 모두는 살 만한 가치가 있다고 느낄 필요가 있다.

우리는 마법의 램프를 문지를 수는 없지만, 직업의 보상이라든가, 자원봉사활동, 정원 가꾸기와 같은 취미, 아니면 그냥 단순한 휴식과 같이, 삶을 영위하는 데 중요한 이유를 만들 수는 있다. 게으름은 때로 우리의 자세를 향상시키는 데 유익할 때가 있다.

> 휴식은 스트레스 받는 것을 막아주는 강력한 힘이다.

0915
광신자는 마음을 바꿀 수 없고, 주제를 바꾸지도 않는 사람이다

— 윈스턴 처칠 (Winston Churchill) —

스트레스를 아주 많이 겪어 본 사람이라면 자신이 겪었던 경험을 말하고 싶은 강렬한 욕구를 느낄 것이다. 절친한 누군가를 잃은 사람이라면 쉬지 않고 그 얘기만 할 것이다. 만성적인 통증을 갖고 있는 사람들도 같은 욕구를 느낄 때가 있을 것이다.

감정과 경험에 대해 이야기하는 데서 받는 위로를 눈감아 주기를 기대할 수 있고, 또 그래야 한다. 통증에 시달리며, 시시콜콜 병의 이력을 나열하고 싶은 충동에 시달리기도 하는 사람인 우리들은, 사람들이 더 이상 듣고 싶어 하지 않는 지점이, 대신 떠나고 싶어 할지도 모르는 지점이 있다는 사실을 깨달을 필요가 있다. 행복하고 재미있는 이야기를 함께 나누는 균형 잡힌 삶을 건설할 수 있도록 그 어느 때보다도 더욱 열심히 노력해야 한다.

> 대화를 나눌 때, 나와 친구들의 기분을 좋게 만들기 위해 여유를 둘 것이다.

0916

시간과 운명으로 약해졌지만 노력하고 추구하고 찾으며, 무릎 꿇지 않는 의지 속에서 강인해질것이다

— 알프레드 테니슨 경 (Alfred, Lord Tennyson) —

    난치병을 겪을 때 우리는 프라이버시를 조금은 포기해야 한다. 의사나 간호사가 우리의 의료이력에 대해 상세한 부분까지 알아야 하니까 말이다. 우리는 이러한 상실감을 상쇄할 새로운 힘을 개발할 수 있다. 자신을 보살피고 있다는 자부심, 그리고 우리의 의료상황에 대한 지식이 그것이다.

    우리가 싸우는 사적인 전투 가운데 많은 것은 만성적인 건강문제에 대한 감정과 관계한다. 프라이버시, 자립심, 시간은 포기해야 하지만, 우리의 건강상의 문제에도 불구하고 계속해서 인간적인 성취감을 느낄 수는 있다.

> 건강이 바뀌었다고 해서, 나의 행복을 위해 중요한 지점까지 포기해야 한다는 뜻은 아니다.

0917

1회전만 더 싸워라.
그대가 심히 지칠 때,
링 가운데로 발을 끌고 가서라도
1회전만 더 싸워라

— 제임스 J. 코벳 (James J. Corbett) —

사람이 아플 때, 자주 듣는 문제 가운데 하나는 탈진이다. 기꺼운 마음으로 우리에게 귀를 빌려주는 의사와 친구에게 우리는 말한다.

"나 정말 너무 지쳤어."

살기 위해서는 무엇보다도, 우리는 우리 몸을 보살펴야 한다. 우리가 느끼는 것이 육체적인 탈진이라면 필요한 휴식을 취해야만 한다. 우리를 증명하기 위해 부수적인 프로젝트나 업무를 맡을 필요가 없는 것이다. 하지만 우리의 피로감이 정서적인 바탕에 기반한다면, 단 한 시간이라도, 단 하루라도, 에너지가 생기도록 우리 자신을 다그쳐야 하겠다.

> 오늘은 나를 보살피겠다. 나는 정서적으로나 영적으로, 점점 강해지고 있다.

0918
우리 영혼은 의미에 굶주려 있다. 세상이 조금이라도 달라질 수 있도록 사는 법을 이해했던, 그 의미 말이다

— 해롤드 쿤셔 (Harold Kushner) —

건강이 더 이상 예전 같지 않을 때조차도, 배움에 대한 우리들의 굶주림은 여전하다. 우리는 다른 사람들이나 책을 통해서 배움과 이어지기를 원한다.

한층 더 깊은 수준에서의 탐색도 계속한다. 한동안 변화된 의료상황에 적응해야 한다는 가혹함으로 인해 우리의 영성이 간혹 힘겨워한다. 하지만 결국 영혼은 우리 마음과 마찬가지로 성장을 갈구하게 되며, 그때 우리는 자신에 대해 위로와 이해를 구한다.

> 쇠약한 나의 건강이 배움을 향한 나의 갈망을 해치지 못한다. 나는 배우고 싶고, 또 그래야 한다.

0919
진실로, 사람들은 신비하게 결합한다. 신비로운 연대는 사람들을 모두 하나로 만든다

— 토마스 칼라일 (Thomas Carlyle) —

부모님 무릎에 앉아서, 삶의 모습에 관한 이야기를 들을 때, 우리는 넋을 빼놓고 귀를 기울였다. 부모님들이 그렇게 오래도록 살았다는 사실을 우리는 믿을 수가 없었다.

사람들은 실수로부터 배울 수 있으며, 우리가 지금 전진하듯 그렇게 전진할 수 있다는 사실을 우리는 이제 알 수 있다. '사물은 돌고 돈다.'는 것을 배웠으며, 역사도 반복한다. 부모님께서는 위대한 자신들의 지식을 우리에게 전하시고, 우리에게 이익을 주시기 위해 애정 어린 마음으로 자신들의 실수를 우리와 함께 나누셨다.

사랑하는 이에게 존경심을 갖고 귀 기울이겠다. 나는 그들로부터 배운다.

0920
가장 현명하지만 동시에 유약한 인류의 소망은, 자신만의 기념물을 후대에 남기려는 것이다

— 수잔 에드몬스톤 페리어 (Susan Edmonstone Ferrier) —

우리 모두는 살아온 증거를 남기고 싶어 한다. 이름을 영원히 새기기 위해, 인생이 끝나도록 열심히 일하고 놀거나, 스포츠 기술이나 수공예를 시도하는 것인지도 모르겠다.

하지만 인생의 물질적인 기록은 우리의 이름과 날짜를 적을 뿐이라는 사실을 차차 알아간다. 거기에 우리의 모습, 우리의 가치는 기록되지 않는다. 각자의 정수는 매일, 매 순간 속에서 발견된다. 우리의 가치를 나타내고 그것을 사랑하는 이들에게 비출 수 있는 것은 하루하루를 충만하게 살 때 가능하다. 정말 중요한 것은 미래를 어떻게 꾸미느냐가 아니라, 현재를 어떻게 보내느냐는 것이다. 오늘을 풍성하게 살아가는 것이야말로 우리의 기념물인 것이다.

> 나는 오늘을, 미래의 기념비를 위한 작은 벽돌로써가 아니라, 나에게 주어진 완전한 선물로 사용하겠다.

0921

여름이 끝나고 있네.
배를 타고, 소풍을 가고,
수영을 하는 그 모든 것을 한껏 즐겨서
여름을 깨우고, 뻗어나가도록
우리 모두 노력하세

— 메리 크래머 수녀 (Sister Mary Kraemer) —

하루해가 짧아지고 날씨가 선선해지면, 문득 여름이 끝났다는 생각이 머리를 스친다. 그런 생각이 들 때면, 우리가 미뤄왔거나, 아니면 잊고 지낸 활동들도 마지막 남은 따스한 날들을 채워야 한다는 욕구가 생길지도 모른다. 이런 시간에, 우리는 조금만 더 여름을 부여잡고 싶다는 생각을 한다.

매우 고귀한 무엇인가를 잃을지도 모른다는 깨달음이 드는 순간, 그것은 너무도 소중해진다. 사랑하는 친구가 떠나기 직전, 우리는 일상을 함께 하고자 한다. 이것을 안다는 것은 우리가 시간을 좀 더 현명하게 사용하도록 도우며, 우리를 에워싼 사람이나 사물 모든 것에서 가치를 볼 수 있도록 가르친다.

✈ **타인들을 소중하게 생각하고 있다는 것을 그들에게 알리겠다.**

0922
고통으로부터 강인해지는 자만이 강자이다. 약자는 고통 속에서 더 약해질 뿐이다

— 라이언 퓨치트웨인저 (Lion Feuchtwanger) —

건강에 위기 상황이 오면, 사람들은 의지를 많이 하고 더욱 딱해 보이기를 기대한다. 그러나 지나치게 의존을 많이 하는 행동은 좋지 않다. 오래된 방식을 버리고 우리의 생각이며 행동을 다시 간추리기는 어렵다. 그러나 환자 역할을 하는 것은 우리가 피해야 할 행동 가운데 하나이다.

결국 정서적이고 육체적인 우리의 안녕에 대해 책임지는 것은 자신이지 다른 누군가가 아니다. 우리가 그 책임을 받아들일 때 질병으로부터 강인함을 얻는다는 사실을, 시간이 흐르면 이해하게 된다.

건강으로 인한 난관은 나의 자세와 행동을 강인하게 만든다.

0923

모든 위험을 무시하는 육체의 용기는
사람을 한쪽 방향으로 용감하게 만든다.
모든 견해를 무시하는 도덕적 용기는
사람을 다른 방향으로 용감하게 만든다.
전자가 제일 필요한 곳은 야영장이고,
후자는 의회이다.
하지만 위대한 사람이 되기 위해서는
두 가지 모두 필요하다

— C. C. 콜튼 (C.C. Colton) —

우리는 많은 종류의 용기를 축복으로 받았다. 몇 년이라는 기간 동안 그 모든 것을 시험받게 되리라고는 꿈에도 생각하지 못했다. 새로운 상황이나 또 다른 의료문제에 맞닥뜨릴 때마다 육체의 용기는 늘어난다.

병에 대해서 감사하는 마음은 없지만, 우리가 더 큰 용기를 갖도록 다그치는 도전을 던져 주었다. 우리는 또한 우리가 지닌 가치를 더 가까이 보아야 했으며, 그 가치를 보호하면서 더욱 강해져야 했다.

우리가 내리는 선택, 선택을 내리는 방법에 대해 더욱 자각하게 되었고, 그런 자각에 대해 감사하는 마음을 지닌다.

나는 끊임없이 건강하고 도덕적인 선택을 내리겠다.

0924
우리의 모습, 우리가 이룰 수 있는 모습으로 되는 것은 생의 마지막 순간일 뿐이다

— 로버트 루이스 스티븐슨 (Robert Louis Stevenson) —

산악 등반가들, 급류 타기를 하는 사람들, 마라톤 주자들은 모두 일생의 도전에 직면한다. 인생의 도전이 다른 형식을 띠고 있다는 사실은 깨닫지 못한다.

우리는 모두 도전에 직면한다. 가로막고 있는 장애물에 맞서야 한다. 그것은 무시하거나 피하기로 마음먹는다고 되는 문제가 아니다. 최대의 시련 가운데 하나는 긍정적인 정신 자세를 유지하기 위한 투쟁이다. 변화된 건강상태가 생활방식을 바꿀 때, 실천하기보다 말로 하는 것이 훨씬 수월하다. 하지만 우리는 '병'에 앞서 '건강'을 먼저 생각하는 것을 경계하고, 이제껏 도전에 직면해 왔었다는 것을 명심하도록 하자.

> 공적인 것도 있지만, 거의가 개인적인 도전에 매일 직면한다. 나는 인간적인 최선을 다하기 위해 노력하겠다.

0925
운명은 친척을 선택한다.
우리는 친구를 선택한다

— 자크 보수에 (Jacques Bossuet) —

우리의 가족이 의지가 되고 보살핌을 주는지에 대해서는 선택의 여지가 없었다. 지금도 마찬가지이다. 부정적이거나 보살핌이 없는 가족 속에서 자란 이들은 어른이 되어서도 비슷한 상황에 빠진다는 것을 알수 있다.

병을 겪는 데서 우리가 배우는 것은 자발적으로 보살펴야 한다는 사실이다. 인정과 사랑이 필요하고, 그 선물을 자신에게 줄 수 있는 힘이 우리 안에 있다. 타인의 배려를 받고, 타인에게 배려를 줄 수 있도록 만드는 우정을 만들 수 있다.

🌿 건전하고 애정 어린 우정을 향해 오늘부터 노력하기로 마음먹었다.

0926
환자를 대하는 동정은 우울하다. 질병은 종류가 어떤 것이든 권장 받을 만한 것이 아니다

— 오스카 와일드 (Oscar Wilde) —

질병이라는 가혹한 현실을 위해 준비된 것은 아무것도 없다. 여기에 아주 미묘한 균형이 있다. 사랑하는 사람들이 우리를 이해하고 도와주기를 원하지만, 동정하는 것은 바라지 않는다.

사랑하는 사람이나 우리에게 난치병이 가져오는 변화를 정직하게 바라볼 필요가 있다. 적응이나 상실감의 문제에 대해 서로 진솔하게 이야기함으로써, 우리는 잃어버린 것에 대한 집착을 덜고, 미래에 대해 더 많은 생각을 할 수 있게 된다. 우리는 의미 있고 정당한 삶을 향해 전진해야 한다.

> 난치병이 만들어낸 변화에 직면하는 것은 결국, 나를 더욱 강하게 만들 뿐이다.

0927
우리가 사람을 사랑하는 건 그들의 자질 때문이기도 하지만 그들의 결점 때문이기도 하다

— 자크 마르땡 (Jacques Maritain) —

사랑하고 사랑받는 것에는 자유가 있다. 특별한 타인을 위해 간직한 사랑은 그들에게 집중할 수 있는 자유를 주며, 우리 자신의 문제를 잊는다. 이 사람들(친구나 가족 구성원)이 우리의 사랑을 받는 것은 그들에게서 완벽함을 발견하기 때문이 아니라 마법을 부리듯 그들과 한데 어울리기 때문이며, 그렇기 때문에 그들의 결점은 하찮아진다.

우리는 사랑을 받으면서도 같은 자유를 발견한다. 우리는 결점을 감추지 않아도 된다. 마음을 열 수 있다. 물론 스스로 결점에서 자유롭기 위해 노력해야 하지만, 그것은 어디까지나 우리 자신을 위한 것이다. 사랑을 받으려고 완벽해져야 할 필요는 없다. 판단 내리지 않는 사랑은 우리를 자유롭게 하여 두려움 없이 선택하게 만든다.

> 내가 간직한 애정 어린 우정의 소중함을 깨닫겠다. 우정은, 나의 위치를 받아들임으로써, 새로운 방향을 모색하도록 만들어준다.

0928
적극적이고 책임감 있는 사람은 예전의 무지와 경솔함, 혹은 감정의 한계로 인해 생긴 과거의 손해를 잊지 않는다

— 루이스 F. 프레스널 (Lewis F. Presnall) —

우리는 해를 끼쳤던 사람을 용서하도록 배웠다. 시간이 흐르면 우리의 고통은 누그러지고 기분 나빴던 감정을 버릴 수 있었다.

하지만 우리 자신의 실수를 받아들이는 데는 인색하다. 몇 년이 지난 후에도, 우리는 과거의 실수에 대해 가차 없이 자책하고 있을지도 모른다. 사랑하는 이들에게 우리가 베풀었던 것과 같은 이해를 우리 자신에게도 베풀어 스스로를 용서하도록 하자. 우리 스스로를 새롭고 좀 더 부드러운 방식으로 보게 될 때 과거에 저질렀던 실수를 받아들일 수 있다.

> 내가 저지른 과거의 실수를 잊지는 않겠지만, 지금껏 걸어온 길을 돌아보면서 나 자신에게 더욱 친절해지겠다.

0929
아름다움을 찾기 위해 세상을 돌아다니더라도, 아름다움을 지니고 다녀야지 그렇지 않으면 찾을 수 없다

— 랠프 왈도 에머슨 (Ralph Waldo Emerson) —

우리의 문화는 내면의 아름다움을 갖는 것이 더 중요하다는 것은 알고 있으면서도, 외형의 아름다움을 찾으라고 부추긴다. 내면의 아름다움이야말로 정말 가치 있게 생각하는 아름다움이다. 우리는 기쁜 마음으로 살 수 있다. 아름다움을 발견하고 즐길 때 우리는 희열을 느낄 수 있다. 자연 속에, 사람들의 생각과 말, 그리고 행동 속에 들어 있는 사랑스러움이 우리를 에워싸고 있다.

> 삶은 아름다움으로 가득 차 있다. 눈을 뜨고 타인과 자연, 그리고 나 자신 속에 들어 있는 아름다움을 보겠다.

0930
노력하지 않는 것을 제외하면 실패는 없다

— 엘버트 허버드 (Elbert Hubbard) —

    방향감각을 상실한 채 삶을 영위하고, 꿈을 꿀 엄두조차 내지 못한다는 것은 비극적이다. 인생에서 더 이상 방향을 찾지 못하고, 일생 동안 품었던 꿈을 실행할 수 없다는 생각을 해본 적이 있을 것이다. 하지만 오늘이라는 현실의 맥락 속에서 새로운 목표와 우선순위를 설정함으로써, 여전히 꿈을 간직한 채 그것이 실현되는 것을 볼 수 있다.

    체념한 채 실패자가 되고 싶은 유혹에, 새로운 모험에 도전할 의욕도 포기하고 싶은 유혹에, 자신을 희생자로 생각하고 싶은 유혹에 흔들린 적이 있을 것이다. 체념이나 실패에 지치지 않는다면, 새로운 목표를 추구하는 데 필요한 에너지를 지닐 것이다.

> 현실적인 새 목표를 세우고 있다. 그 안에 나의 에너지를 쏟아 붓겠다.

10월
OCTOBER

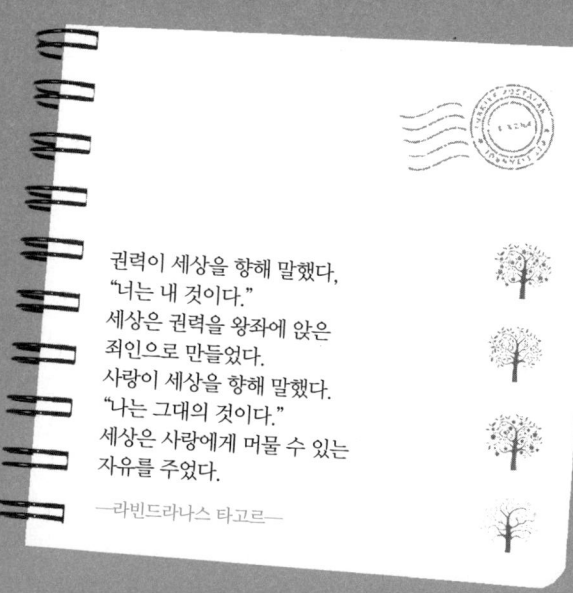

권력이 세상을 향해 말했다.
"너는 내 것이다."
세상은 권력을 왕좌에 앉은
죄인으로 만들었다.
사랑이 세상을 향해 말했다.
"나는 그대의 것이다."
세상은 사랑에게 머물 수 있는
자유를 주었다.

―라빈드라나스 타고르―

1001
고독은 사람과 사람 사이에 가로놓인 공간의 거리로 측정되는 것이 아니다

— 헨리 데이빗 소로우 (Henry David Thoreau) —

고독은 혼자 있기로 마음먹은 시간이지만, 선택의 여지가 없다고 믿을 때는 외로움이 된다. 외로울 때, 우리는 고립이라는 거미줄에 걸린 것 같은 느낌이 든다.

외로운 사람들은 교제를 하면서도 스스로 만든 함정에 빠진다. 외로움은 홀로 있는 고독과는 차이가 있다.

직장이나 가족, 취미와 같은 의미 있는 경험이나, 친구들과의 관계로 우리 삶을 채우려고 무던히 노력한다. 이런 노력으로 삶을 풍성하게 만들 때, 우리의 외로웠던 시간은 고독이 된다. 고독은 세상에서 한 걸음 물러나, 생각이며 기도, 명상을 할 수 있는 평화로운 시간을 뜻한다.

 오늘이라는 고독의 순간은 내 영혼을 살찌게 하고 힘을 준다.

1002

신께서 가장 사랑하는 시를 쓰셨으니
그것은 키 큰 포플러나무가 되었고
황금빛 언덕 높이 그것을 놓으시니
이는 몽매한 대지가
볼 수 있게 하려 하심이라

— 그레이스 놀 (Grace Noll) —

우리가 어린아이였을 때 가을은 너무도 근사한 시절이었다. 지금도 주변의 나무와 낙엽에서도 여전히 즐거움을 느낄 수 있다. 잎사귀 한 장이라도 가만히 들여다보고 있노라면, 그 생김새의 아름다움이며 완벽함에 놀라게 된다. 황금빛이나 빨강, 혹은 갈색을 띤 낙엽은 자연의 균형을 보여주는 작은 조각이다. 우리를 에워싸고 있는 세상 전부와 마찬가지로, 우리가 눈길만 보내면 낙엽은 색조며 아름다움, 삶의 의미를 건넨다.

나는 이제 자연의 모든 아름다움에 다시 한 번 눈길을 던질 것이다.

1003
무엇보다도 독특한 개성을 마음껏 개발하고 즐기리라

— 버니 S. 지젤 (Bernie S. Siegel) —

우리 가운데 어떤 이들에게는, 삶을 즐기지 않고 그냥 살아가는 것처럼, 삶이 물속으로 걸어 들어가는 것과 같다. 삶에 '너무 깊숙이 연관되는 것'이 두려워, 최악의 상황이 벌어지기를 기다린다. 그리고 육체적, 영적 생존으로 이르는 우리의 행로를 이끌어줄 안내인이나 지도자를 찾는다.

그러나 지병으로 인해 수반되는 감정의 미궁에서 우리를 이끌어주거나, 안내하거나, 지도해 주는 사람은 아무도 없다는 사실을 깨달을 때, 우리 마음은 황폐해질 것이다. 타인이 도움이 될 수도 있지만, 그것도 우리가 이끌어줄 때에만 가능한 일이다. 우리 내면에 있는 독특한 힘을 우리는 차차 알아간다. 전에는 알지 못했지만, 그 힘으로 인해 우리는 더 강해진 자신감으로 우리의 육체적, 정신적 프로그램을 지도할 수 있다.

나는 삶의 도전을 받아들이는 끝없는 여정을 이어가고 있다.

1004
쓰라림과 달콤함은 바깥에서 나오고, 단단함은 안에서, 그 자신의 노력에서 나온다

— 앨버트 아인슈타인 (Albert Einstein) —

우리는 행복한 사건만 일어나고 누구도 상처받지 않는 삶을 기대한다. 눈물과 슬픔 대신 오직 행복만 바라는 것이다. 이런 기대 속에서는 현실적으로 삶을 바라보지 못한다. 우리 주변의 문제는 모두 무시함으로써(나 자신뿐만 아니라 타인의 문제조차도) 삶의 표현을 스쳐 지나가는 것이다.

현실을 직시할 때, 진정한 우리의 여정은 시작된다. 보기 좋은 삶이라고 행복하고 기쁜 일만 이어지는 것은 아니다. 아니 오히려, 지독한 고통과 실망을 겪어본 사람이 그런 삶을 살 수 있는 것이다. 부정적인 경험은 내면이 강해질 수 있는 기회를 우리에게 준다.

 나의 경험은 모두 성장의 기회를 준다.

1005
만인에게 인내심을 가지되, 무엇보다도 그대 자신에게 가져야 한다

— 성 프랑소와 드 살레스 (St. Francis de Sales) —

우리는 나이가 들면서 훌륭한 치즈와 같이 적당히 원숙해지기를 기다린다. 그 과정이 빨리 진행 되도록 재촉하고 싶지만, 조급함은 결국 우리에게 별 도움이 되지 않는다. 타인이 성숙해져서 책임 있는 어른이 되도록 시간을 가지고 기다려주는 법을 우리는 배웠으면서도 정작 우리 자신의 문제가 되면, 우리 자신의 실수에 대해 너무 성급하게 분노한다. 타인을 용서하듯이 우리 자신을 용서하지 못하는 경우가 너무 많다.

우리에게 결정적인 것이라고 생각되었던 목표 가운데 어떤 것은 손아귀를 벗어났지만, 그것이 그다지 중요하지 않다는 것을 이해할 때 성숙함은 찾아온다. 성숙은 우리가 이룰 수 있는 것에 만족하는 법을 배우는 마음의 틀이다. 그저 우리가 최선을 다해 일상을 사는 것에서도 만족을 찾을 수 있는 것이다.

> 아주 성숙한 어른이 되는 것은 마법과도 같은 순간이 아님을 깨달을 것이다. 성숙은 마음속에 평화를 간직하는 자세이다.

1006
모든 인류는 해답을 찾아야 할 문제이다
— 애실리 몽테규 (Ashley Montagu) —

마음 깊숙한 곳에 숨겨진 고통스러운 감정을 벗기려고 노력하는 것은 위험한 길을 따라 걷는 것 같은 느낌이 들 수도 으며, 우리 가운데는 그만 멈추고 싶은 유혹을 받는 사람도 있다. 하지만 이런 느낌을 스스로 정직하게 열어놓는다면, 우리 자신을 더욱 잘 알고, 보다 건강하고 성숙한 관계를 맺는 출발점이 될 수 있다.

변화는 두려울 수 있다. 문제가 있을 경우, 감정에 대처하는 것이 해답의 한 부분이 됨을 깨달을 것이다.

1007

그대의 도전을 존중하라, 어둠의 공간이 실은 더 밝은 빛으로 그대를 데려가는 곳임을 알아야 한다

—사나야 로만 (Sanaya Roman)—

우리를 장애인으로 규정하는 장치를 사용하는 것을 보면 사람들이 어떻게 생각할까 걱정된다. 당혹감을 느끼기가 두려운 것이다. 어떤 이들은 문제를 해결하지 못한 채, 사람들의 주목을 받고, 달라 보이는 것이 두렵다는 생각에 갇혀 집 안에만 머문다. 다른 이들과 똑같다는 익명성을 상실한다는 것은 견디기 힘겹다.

하지만 한 가지는 분명하다. 우리에게 특별한 장치가 없다면, 우리는 도움의 손길을 요청할 수밖에 없다는 사실이다. 따라서 선견지명이 있다면, 우리는 대부분 스스로 무엇인가를 할 기회를 움켜쥔다.

> 나는 감히 달라지겠다. 적응 장치를 사용하면 더욱 독립적으로 살 수 있다.

1008
사랑은 우리의 전부이며 타인을 돕는 유일한 길이다
— 에우리피데스 (Euripides) —

우리는 가족 구성원을 사랑하면서 조건을 다는 경우가 많다. 자기 문제를 놓고 불평하지 않을 때만……. 더욱 큰 성공을 이룰 때만……. 이 말을 직접 하지는 않지만, 사랑하는 이들이 어떻게 인생을 살아가야 하는지에 대해서, 마음속으로 숨겨놓거나, 간접적인 암시를 던짐으로써 그들에 대한 이런 조건들을 전달하고 있는지도 모른다.

우리가 기대야 하는 포용이 얼마나 큰지 명심한다면, 우리의 사랑을 좀 더 넉넉하게 나누어줄 수 있다. '~할 때만'이라는 단서가 붙은 사랑은 받고 싶지 않다.

지금 우리의 모습을 바탕으로 한 사람의 위로와 의지를 우리는 원한다. 사랑하는 사람들이 원하는 것도 같은 것이다.

아무 조건 없이 사랑받고 또 사랑할 수 있음을 알기에 나는 강해진다.

1009

쓰라림과 분노는 아주 밀접한 관계가 있는 것처럼 보이며 같은 감정에서 나오는 까닭에 서로 바꿔 쓸 수 있는 단어이다

— 로버트 로버링 (Robert Lovering) —

쓰라림과 분노는 건강에 변화가 생겼다고 느닷없이 생기지 않는다.

부정적인 감정이나 자세로 인해 우리가 고통스럽다거나 스스로 불행하다고 느낀다면, 바로 그때가 우리 자신을 돌아볼 때인지도 모른다. 다른 사람들에게 어떻게 행동했던가? 무엇을 기대했던가? 우리가 문제를 스스로 만들어낸 것은 아닌가?

부정적인 것은 긍정적인 것으로 바꿀 수 있지만 거기에는 시간과 감정의 노력이 필요하다. 변화를 원할 때, 기꺼이 성장하고자 할 때, 우리 자신에게 인내심을 가질 때, 우리의 자세는 진정으로 개선된다.

> 나는 부정적인 감정을 인정하고 필요한 도움을 요청함으로써 오늘부터 변화하겠다.

1010

자신을 발견하게 된다면, 여생 동안 품위를 갖추고 살 수 있는 저택을 갖게 되는 것이다

— 제임스 미체너 (James Michener) —

우리는 이렇게 생각한다.

'내가 어렸을 적 혼자서 너무 좋아했던 ,그 기쁨을 다시 되찾을 수만 있다면.'

시간을 멈추고, 우리가 어떤 어른이 되었는지 돌아보자.

존엄, 자기 가치, 만족, 이것들은 타인의 견해가 아니라 바로 나라는 자의식에서 성장한다.

마음 속 아이는 사라지지 않았다는 것을 알아야 한다. 아이는 다시 자유로워지기를 기다리며 여전히 거기에 있다.

오늘 내가 내린 선택은 나 자신의 가치를 바탕으로 한다.

1011

<u>권력이 세상을 향해 말했다,</u>
<u>"너는 내 것이다."</u>
<u>세상은 권력을 왕좌에 앉은</u>
<u>죄인으로 만들었다.</u>
<u>사랑이 세상을 향해 말했다.</u>
<u>"나는 그대의 것이다."</u>
<u>세상은 사랑에게 머물 수 있는</u>
<u>자유를 주었다</u>

― 라빈드라나스 타고르 (Rabindranath Tagore) ―

우리는 모두 영혼의 힘을 시험해야 한다. 처음 그 힘은 약해 보일지도 모른다. 한동안 정신없이 앓고 난 후, 왜 나만 고통이나 불행, 병치레를 겪는지 의아해하는 것은 자연스러운 현상이다.

시간이 흐르면, 우리 자신의 영성에 대해 더 많은 것을 배우려는 마음의 준비를 갖춘다. 마음과 가슴을 열어놓는다. 이렇게 아름다운 우리 자신의 면면을 탐색하노라면, 우리의 가치나 힘, 온전함을 발견한다. 그리고 우리는 혼자가 아니라는 것을 알게 된다.

🕊 오늘, 나의 영성에 대해 어제 알았던 것보다 더 많은 것을 배우겠다.

1012
기쁨은 선한 영혼의 일상 속에서만 발견된다
— 필로 (Philo) —

일상에는 기복이 있다. 좋은 순간, 나쁜 순간이 있다. 우리 각자는 오늘이 건네는 기쁨을 스스로 구해야지, 그렇지 않으면 알지도 못한 채 기쁨을 보내 버릴 것이다.

즐거운 경험을 만드는 사건들은 사람마다 모두 다르다. 기뻤던 경험을 다른 이들과 함께 나눌 때도 있다. 아기가 처음으로 아장아장 걷는 모습을 지켜보는 것은 나누는 기쁨이며 잊혀지지 않는 추억이다.

기쁨은 또 사적인 시간이기도 한다. 눈부시게 사랑스러운 아침을 맞이하는 것, 활짝 핀 꽃잎을 들여다보는 것, 혹은 성장하는 관계에 참여하는 것. 이 모든 것들이 우리의 행복감에 보탬이 된다.

 나에게 기쁨을 주는 사람이나 행동을 깨닫겠다.

1013
오늘 그대의 길 닦는 법을 배워야 한다.
내일의 땅이 계획을 세우기에는
너무 불안한 까닭이다.

— 베로니카 셰프스탈 (Veronica Shoffstal) —

생활의 대부분을 미래에 대한 설계로 보낸 적이 있을 것이다. 내일을 위한 대비(저축, 유언장, 연금 계획 등)는 얼마간 해야겠지만, 풍성하며 보람 있는 삶을 살기 위한 노력은 매일 이루어져야 한다.

성장은 지금 이루어진다. 내일로 미뤄지면 결코 성장은 완성되지 않는다. 매일 우리는 삶의 방향을 선택한다. 보다 나은 목표나 강인한 가치를 향하여 긍정적인 걸음을 내딛는가 하면, 불확실한 미래에 놓인 삶을 계획하며 한 발자국도 움직이지 않기도 한다.

 오늘이라는 현실 속에서 스스로 훌륭한 선택을 내리겠다.

1014
질투만큼
눈을 번쩍 뜨이게 만드는 것은 없다

— 토마스 풀러 (Thomas Fuller) —

집이나 차, 멋진 옷, 보트 등을 소유하고 싶은 것은 자연스러운 것이다. 저축을 해서 우리가 좋아하는 물건을 살 능력이 있을 때가 있지만, 사실은 우리에게 제일 중요한 항목을 골라서 우선순위를 정해야 할 때가 더 많다.

우리들은 대개 물질적으로 모든 것을 다 가진 것처럼 보이는 사람들을 보면 질투심을 느낀다. 바로 그럴 때, 우리 가치를 재평가하고 정말 우리가 원하는 것을 가진 사람들에게 눈길을 보낸다면, 우리의 욕구는 훨씬 더 채워질 수 있을 것이다. 그것은 바로 마음의 평화, 사랑스러운 본성, 영혼의 깊이, 그리고 시기하지 않는 마음이다.

이런 자질은 시간을 들여야만 살 수 있으며, 물질뿐인 사물보다 우리 삶을 더욱 풍성하게 만들어준다.

> 나의 소유가 아니라 나의 자질을 평가하겠다.

1015
우리는 단 한 페이지의 인생도 찢어낼 수 없지만, 인생이란 책 한 권을 통째로 불 속에 집어던질 수는 있다

— 조지 샌드 (George Sand) —

너무나 암울한 시간 속에 있으면, 이 순간, 이 고통, 이 상실감을 벗어나서는 생각할 능력이 없을지도 모른다. 우리가 의식하는 것이라고는 아주 사소한 시간의 파편이며, 우리가 기억하는 모든 것, 미래에 대한 우리의 모든 기대에 어둠을 드리운다.

이 순간은 일생의 파편이다. 이 느낌은 우리가 겪는 수천 가지의 감정 가운데 하나일 뿐이다. 우리 스스로 혐오스러운 페이지를 없애기 위해 책을 통째로 던져 버리기 전에 우리가 겪고 있는 것의 실체를 확인해야 한다.

필요하다면, 전문가의 도움을 받아 우리의 감정을 탐구할 수 있다. 우리 인생이 어떤 모습이 될지 잠깐 숨을 돌리며 기다릴 수도 있다. 우리 자신의 안과 밖에서 일어나는 변화를 추구하자.

🖎 인내심을 갖도록 노력할 것이다.

1016
삶으로 인해 의기소침해서는 안 된다. 지금의 자리까지 온 사람들은 모두 과거의 모습에서 시작했을 뿐이다

— 리차드 L. 에반스 (Richard L. Evans) —

훌륭한 교사들이 사용하는 오래된 말이 있다. '아이가 있는 자리에서 출발시킬 것' 사실, 우리는 모두 현재의 위치에서 시작해야 한다. 처음에 우리는 건강의 조건이 변하기 전 건강했던 삶을 기준으로 우리의 모든 성공을 판단하는 경향을 보인다. 변화된 상황은 우리 삶을 황폐하게 만들 수 있다.

이제 우리는 좀 더 현실적인 목표를 세워 그곳에 도달할 수 있어야 한다. 아직도 새 일, 새 관계를 시작할 수 있다. 일생 동안 우리는 수도 없이 시작을 거듭한다. 정말 중요한 것은 변화에 얼마나 성공적으로 대처할 수 있는가 하는 것이다. 우리는 수도 없이 새롭게 출발했다는 사실을 명심하는 한 훌륭하게 해낼 것이다.

> 나는 삶의 변화에 주눅 들지 않겠다. 전에도 극복했던 것처럼 다시 극복할 것이다.

1017
성숙은 두려움에서 나오는 인간의 강인함을 숨기지 않는 것이다.

— 대그 해머스퀼트 (Dag Hammarskjold) —

달라 보인다는 두려움은 사는 동안, 더구나 난치병이라는 진단을 받은 초기에는, 강력한 원인이 될 수 있다. 우리는 병으로 인해 희생자로 인식되는 것을 두려워한다. 조금이라도 표시가 날까 봐 두렵다.

하지만 우리는 이렇게 비이성적인 두려움을 안은 채 살고 싶지 않다. 그래서 우리에게 있는 강인함을 키우고 사용하기 위해서는 건전한 사고가 필요하다는 사실을 알게 된다. 부인을 멈추고 수용을 시작한다. 우리 개성의 음성이 크고 또렷하게 소리내기 시작하면, 우리는 단호한 행동으로 대답한다. 문제를 직시하고, 타인의 방식을 포용하고, 우리의 강인함을 누려야 한다.

> 나의 강인함을 숨기지 않겠다. 그것이야말로 최선의 상태로 살아가는 수단이기 때문이다.

1018
인생이란 결코 공평하지 않다 이 사실에 익숙해져라

— 빌 게이츠 (Bill Gates) —

성숙함은 달콤함과 함께 씁쓸함도 받아들인다는 뜻이다. 삶의 질이 변했기 때문에 씁쓸해했을지도 모른다.

우리는 늘 어딘지 모를 먼 곳에 있는 목표를 좇기보다, 순간에 사는 경우가 더 많다. 우리의 가치는 강인한 자의식을 드러낸다. 그 가치는 사물을 넘어 사람을 강조한다. 지금 우리 삶을 달콤하게 만드는 성장과 기쁨, 그리고 자존심은 대개 지병이라는 쓰라린 경험에서 나온다.

> 삶의 경험은 좋기도 하고 나쁘기도 하다는 사실을 받아들인다. 내가 앓는 병은 원한 것이 아니었지만, 그로 인해 나는 강인해졌다.

1019
소금에는 묘하게도 신성한 것이 들어있다. 우리의 눈물에, 바다에 소금이 들어 있다

— 칼릴 지브란 (Kahlil Gibran) —

사람의 얼굴에는 감정이 연주되고 있어서, 뻣뻣해지기도 하고 온화해지기도 한다. 우리는 어떤 이의 얼굴을 '읽을' 수 있다고 말한다. 작정을 하고 눈물이나 웃음을 터뜨리는 사람은 아무도 없다. 다만 처음에는 미묘한 감정이 우리 얼굴이나 말투에 나타나는 것이다.

웃음은 우리의 행복에 유용하지만, 눈물도 감정의 생존에 없어서는 안 된다. 우리가 느끼는 감정의 둑을 무너뜨릴 때, 마침내 눈물은 우리를 치유한다. 울분과 두려움, 좌절감에 더럽혀진 우리를 눈물이 씻어주는 것이다.

 울부짖음은 인간적인 특징임을 안다. 울고 싶은 심정을 부끄러워하지 않겠다. 눈물은 인간 경험의 한 부분이기 때문이다.

1020
평온한 마음이란, 잘 정리된 마음이라는 뜻 외에 아무 뜻도 없다

— 마르쿠스 아우렐리우스 안토니우스 (Marcus Aurelius Antoninus) —

우리는 영구적으로 회복될 수 없는 상태라는 진단을 받을 때, 다시는 평온함을 찾지 못할 것이라고 생각한다. 하지만 우리의 건강이 온전한 것과는 상관없이 새로운 도전, 우리에게 늘 있어 왔던 가치 체계를 소생시킨다는 사실을 깨닫는다. 우리는 여전히 삶 속에서 평화와 평온함을 찾을 수 있다. 삶을 살아갈 수 있을 뿐만 아니라 앞으로도 그럴 것이기 때문이다.

우리 스스로 평온함을 탐구해야 할 빚이 있다. 우리 내면의 강인함, 천성, 높은 곳을 향한 목표와 더불어 지극히 평화롭고 편안한 느낌이 드는 마음상태를 말한다. 평온함을 지닌 채 손에 손을 맞잡고 걷다 보면 우리 생각이 정연해지며 우울함은 느낄 수조차 없어진다.

> 가혹한 일상을 부드럽게 만들기 위해 평화로운 마음을 유지하도록 노력하겠다.

1021
사람들은 자신의 자유 의지에 따라 일에 매달리며, 바쁜 것이야말로 행복의 증거라고 생각한다

— 루시우스 아나에우스 세네카 (Lucius Annaeus Seneca) —

시간을 채우기 위해 바빠야 할 때가 있다. 건강을 잃거나 상태가 변하고 나면, 바쁘게 보내며 엄청난 양의 시간을 채워야 할지도 모른다. 전혀 중요하지도 않고 그저 시간만 채우는 일을 하며 움직이는 것이다. 서랍이나 장롱 정리를 비롯하여 다른 일들은 정서적으로 기계적인 형태로 수행되어야 하는 소일거리이다.

우리는 바빠야 할 필요도 있다. 생각하고, 새로운 활동 계획을 짜고, 또 앞으로 나아가야 한다. 느리게, 아주 느리게 적응을 해나가다 보면, 삶의 목적도 다시 돌아올 것이다.

> 나는 의미를 찾기 위해 일상에 노력을 기울이겠다. 바쁘게 사는 것은 힘겹겠지만 할 수 있다.

1022
아는 것은 많은데 능력이 없는 것 이것은 사람들에게 가장 쓰라린 지식이다.

— 헤로도투스 (Herodotus) —

우리가 배운 것을 함께 나눌 때만 타인에게 영향을 끼칠 수 있는 힘이 있다. 우리에게 있는 지식의 가치를 알아채지 못하거나 인정하기를 거부한다면, 스스로 고립감에 빠지게 된다. 더 심각한 것은, 타인을 보는 우리의 통찰력을 빼앗긴다는 것이다.

우리는 복잡한 인간관계나 복잡 미묘한 문제에 대처하는 방법을 알고 있다. 다른 이들과 전능한 신께 우리를 의탁함으로써 감정의 안정을 얻을 수 있다. 우리 자신의 욕구를 해결하기 위한 것이 아니라 같은 인류를 돕기 위하여, 이 지식을 다른 이들과 함께 나눌 수 있다.

> 내가 가진 지식을 다른 이들에게 나눠줄 때 사랑하는 힘은 나의 것이 된다.

1023
열정적으로 삶을 사랑할수록, 우리가 경험하는 삶의 기쁨은 더욱 강렬해진다

— 유겐 몰트먼 (Jurgen Moltman) —

우리를 에워싸고 있는 현실이라는 드라마에서 몸을 숨기고 싶을 때가 있지만, 그것은 건강한 삶의 방식이 아니다. 대신 우리는 드라마처럼 살고, 드라마를 사랑하고, 드라마와 함께 울며, 나아가 그것을 미워하기도 한다.

자신의 조건에 따라 삶을 살아가기로 마음먹으면, 정열과 열정이 우리 경험에 들어온다. 삶을 사랑하기로 다짐하면 삶의 굴곡에도 불구하고 오르막에서 기뻐할 수 있고, 내리막을 피할 수는 없지만 찰나에 불과한 후퇴라고 받아들일 수 있다. 현실에서 몸을 숨기는 것은 고통을 잊게 할 때도 있지만, 충만한 삶의 기쁨과 경이로움을 볼 수 없다.

🍃 나는 정열을 가지고 삶을 대할 것이다.

1024
우리는 스스로 사랑을 숨기지만 소용없다. 항상 무엇인가를 사랑해야만 한다

— 블레즈 파스칼 (Blaise Pascal) —

사랑하는 방법을 알지 못하면 우리 존재 자체가 위태롭게 된다. 사랑이 말 그대로 우리 몸을 살찌우지는 못하지만, 사랑할 능력이 없다는 것은 우리에게서 인간미를 앗아간다.

낭만적인 사랑은 우리가 할 수 있는 사랑의 일부분에 불과할 뿐이다. 행복의 파급 효과는 우리 안에서 퍼져 나갈 것이며, 우리 영혼도 살찌우기 시작할 것이다. 우리는 또한, 우리 자신, 우리의 존재 전체를 사랑하도록 배운다. 자기애는 자기 이미지를 고양시킨다. 그리고 강력한 경애감은 우리의 삶 전체를 고양시킨다.

 사랑하고 사랑받아야 한다. 사랑하는 것의 중요함을 이해하는 것은 내 정신의 행복에 있어 없어서는 안 된다.

1025
사랑하는 대상이 많아질수록 관심도 많아지고 즐거움도 커진다
— 에델 배리모어 (Ethel Barrymore) —

지금은 우리의 관심을 좇고, 새롭고 오래된 관계를 모두 살찌우기에 좋은 때이다. 우리의 환경이 얼마나 쉽게 그리고 빨리 변할 수 있는지 너무나 잘 이해한다. 이런 이해는 경험의 폭을 넓혀준다.

삶의 고뇌로부터 자유로운 사람은 아무도 없다. 실직이나 가족의 해체, 건강의 상실, 혹은 절친한 친구의 죽음에 이르기까지, 우리는 누구나 한 번쯤은 고통을 겪는다.

비극과 힘겨운 시절이 나를 아프게 하겠지만, 앞으로 나아갈 능력이 있음을 안다.

1026
환상을 놓치지 마라. 환상이 사라지면, 살아 있으되 살기를 멈춘 것이다

— 마크 트웨인 (Mark Twain) —

우리는 청년기에 접어들면서 미래에 대한 꿈에 집착한다. 그 시절에는 무슨 일이라도 가능할 것처럼 보였다.

대머리인 남자는 머리카락이 무성한 머리를 바란다. 탱탱한 피부를 갖는 것이 소원인 사람도 있을 것이다. 장기적인 진료를 받아야 하는 상태가 우리 삶의 한 자락을 차지하게 되었을 때 조차도, 건강이 다시 회복되는 환상을 놓지 못한다.

우리가 살 날은 이제 몇 년 혹은 몇십 년 남지 않았다. 어떤 일은 가능하고 어떤 일은 그렇지 않다는 것을 수용한다. 그것을 알고 나면 우리들은 대개 위로를 받는다. 그래도 희망은 버리지 말아야 한다.

> 감히 나의 환상을 붙들겠다. 어떤 일이 일어날지도 모른다는 가능성은 나의 일상을 자극으로 가득 채운다.

1027
사이가 나쁜 것보다
차라리 혼자 있는 것이 낫다

— 토마스 풀러 (Thomas Fuller) —

깨어 있는 모든 순간을 교제하며 보내는 사람과 사귀어 본 경험이 있는 이들이 많을 것이다. 처음에는, 관심으로 인해 희열을 느끼고 관계의 발전에서 오는 흥분을 즐기기도 했을 것이다. 그러다 갑자기 질식할 것처럼 숨이 막힌다. 상대방은 우리에게 혼자 있을 시간을 주지 않는다. 그는, 아니 그녀는 너무 집요해서, 우리 자신과는 너무 멀리 있는 것처럼 느껴지는 존재이다.

새 친구를 짓밟느냐, 아니면 집요한 공세에 무릎을 꿇느냐를 놓고 선택을 해야 할 것처럼 보인다 하지만, 그보다 먼저 일상의 틀을 만들 수 있는 권리는 우리 자신에게 있다는 것을 스스로 다짐할 필요가 있다. 거리낌 없이 말해야 한다.

"혼자 있을 시간이 좀 필요해."

이 말은 타인에 대한 거부가 아니다. 그것은 우리 자신, 그리고 고독을 향한 욕구의 확인이다.

> 나는 타인과 함께 하는 시간과 혼자 있는 시간 사이에서 건강한 균형 감각을 찾겠다.

1028
어제를 회복하는 것은 우리 몫이 아니지만, 오늘을 이기고 지느냐는 우리 몫이다

— 린든 B. 존슨 (Lyndon B. Johnson) —

지난날이 소중하고 심지어 후회스럽기까지 하지만, 어제를 결코 다시 살 수는 없다. 과거는 뒤에 있고, 미래는 앞에 있다. 미래가 우리의 과거보다 더 짧을지도 모른다는 생각에 슬퍼질 때도 있겠지만, 미래는 현실이며 가능성으로 가득 차 있음을 생각하며 위로를 구한다.

과거에서 좋은 면만 찾고 미래에서 부정적인 면만 찾는 것은 우리에게 주어진 가장 위대한 선물인 시간을 빼앗기는 것이다. 시간은 과거가 우리에게 줄 수 없는 것이다. 어제가 우리에게 준 선물은 추억이며, 어쩌다가 한때 있었던 것을 힐끗 뒤돌아보는 것은 자연스러운 일이다. 하지만 오늘을 살며 내일을 설계함으로써 우리는 정신적으로, 영적으로 성장한다.

> 나는 어제의 추억, 오늘의 현실, 그리고 내일의 꿈이라는 선물을 받아들이겠다.

1029
당신은 한 가지만 빼놓고 모든 주제를 놓고 말할 것이다. 그것은 바로 당신의 병이다

— 랠프 왈도 에머슨 (Ralph Waldo Emerson) —

대화에서는 말 없는 규칙이 있다. 절대 우리의 고통이나 불행, 어려움에 대해 말하지 말 것! 그런데 역설적이게도, 사교 모임의 꽃은 사고나 부상을 당해본 사람이 되는 경우가 종종 있다. 다리의 깁스는 황홀한 매력이지만, 휠체어는 그렇지 않다.

우리는 이해할 수 있다. 인간의 본성은 부러진 뼈나 목 보호대에서 모험을 발견한다. 이런 부상은 일시적이며 희생자들은 몇 주 안에 새 사람처럼 건강해지기 때문에 안심을 하기도 한다. 많은 사람들이 지병의 영속성을 알아차릴 수 없지만, 우리는 동정을 유발하지 않고 우리가 갖는 사회적 관심사에 대해 그들을 가르칠 수 있다.

사회 활동을 즐길 때 내 삶은 더욱 균형 잡힐 수 있다.

1030
우리는 건강이라는 일상의 기적에 익숙해진다

— 루이스 F. 프레스널 (Lewis F. Presnall) —

우리가 바꾸거나 통제할 수 없는 일들이 있다. 그중에서도 가장 분명한 것은 병으로 인해 줄어드는 체력이다. 하지만 우리는 혼자가 아니다. 사람들은 모두 장애나 한계(육체적, 심리적, 혹은 정서적)를 안고 있고, 그에 대처해야 한다는 사실을 알고 있다.

정말 중요한 것은, 시간이 필요한 건강문제를 안고 있다고 하더라도, 병에 집착하지 않고 행복만 생각하는 법을 배울 수 있다는 사실이다. 우리의 한계가 삶의 방식에 해를 끼치는 것은 분명하지만, 우리 존재의 본질을 바꾸지는 않는다. 우리가 의도하는 모습으로 살아갈 수 있는지는 자신에게 달려 있다.

 나의 삶에는 아직도 내가 통제할 수 있는 것이 대부분이며, 그것이 나에게 희망을 준다.

1031
인간의 몸은 인간의 영혼을 보여주는 최상의 그림이다

— 루드비히 비트겐슈타인 (Ludwig Wittgenstein) —

길을 걸을 때, 자신감이 가득찬 표정의 사람들에게 눈길이 간다. 사람들의 표정은 자존심의 표시일 때가 많다. 우리 삶에 일어난 변화는 스트레스나 쇠약해진 건강에도 불구하고 우리 자신에게 계속 좋은 기분을 가지라고 다그친다. 변화는 모두 두렵다. 그러나 불행하게도, 문제에 압도당하여, 우울한 기분에 빠진 사람처럼 행동하고 표정을 짓기 시작한다.

우리는 삶을 평가하고, 아직도 우리가 얼마나 잘해 낼 수 있는지 기억할 수 있다. 우리 삶을 원하는 방식으로 우리 스스로 결정을 내릴 수 있다. 이렇게 새로워진 의식으로 우리 자존심은 강해지고, 타인에게 전해지는 우리의 이미지는 자부심, 그것이다.

> 내가 바꿀 수 없는 것들이 있다. 오늘, 나 스스로 할 수 있는 것을 생각하겠다.

11월
NOVEMBER

말 속에 들어 있는 친절함은
자신감을 창조한다.
생각 속에 들어 있는 친절함은
정중함을 창조한다.
베품에 들어 있는 친절함은
사랑을 창조한다.

―라오 츠―

1101
노년, 무지한 사람에게 그것은 겨울, 배운 자에게 그것은 수확의 시기

― 유다 리브 라제로프 (Judah Leib Lazerov) ―

우리는 모두 노년을 두려워한다. 그저 은퇴나 노쇠함에서 죽음으로 이어지는 다리로만 여겨질 때가 많기 때문이다. 물론 이것은 꾸며낸 이야기에 불과하다. 나이를 먹는다고 자동으로 건강이 약해지고 의존적으로 된다는 뜻은 아니다.

노년과 함께 오는 자부심과 고결함을 우리는 항상 의식해야 한다. 배우고 해야 할 일이 아직 더 많다.

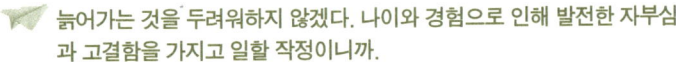 늙어가는 것을 두려워하지 않겠다. 나이와 경험으로 인해 발전한 자부심과 고결함을 가지고 일할 작정이니까.

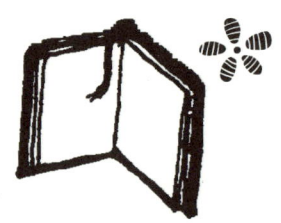

1102

품위란 고통이나 어려움, 머뭇거림이나 부조화를 암시하는 것이 하나도 없는 상태이다

— 윌리엄 해즐릿 (William Hazlitt) —

품위는 우리 자신을 들여다보고 더욱 강해지는 힘이다. 품위가 있는 사람이라면, 다른 사람들이 느끼는 방식을 자신을 타인의 입장에 놓고 생각하려고 노력한다. 이것은 우리의 건강을 해쳤을 때 특히 중요한 문제가 된다. 주변의 사람들이 우리 행동을 본받기 때문이다.

건강의 변화에 내재한 영향력을 극복하려는 노력은 매우 외로운 일이다. 우리가 지팡이나 보행기, 휠체어 같은 보조 장치를 사용해야 할 때, 다른 사람들은 어떻게 반응해야 할지 전혀 모를 수 있다. 우리는 그들의 불편을 덜어주고, 긍정적인 행동으로 그들의 반응을 이끌어줄 수 있다.

> 나는 타인들과 함께 있을 때 그들의 마음이 얼마나 편안한지 알아차림으로써 그들에게 품위를 지키겠다.

1103
부탁을 받고서 주는 것은 잘하는 일이지만, 부탁받지 않아도 이해를 통하여 주는 것은 더 잘하는 것이다

― 칼릴 지브란 (Kahlil Gibran) ―

지금 안고 있는 문제 때문에 여생을 어떻게 살아갈지 막막해 하는 사람들이 있다. 일상은 지루하게 늘어지고, 특별한 목표도 눈에 보이지 않는다. 하지만 혼자 힘으로 새로운 계획과 목표를 짜는 것은 우리에게 달려 있다.

고통을 겪고 있는 사람들과 함께 나누는 것은 총체적인 인간의 그림 속에서 우리 자신과 우리의 문제를 보다 밝고 맑게 보여줄 수 있는 배려의 몸짓이자 기회이다.

오늘, 나 자신과 타인을 도울 길을 모색하겠다. 나의 경험과 기술을 나눔으로써 인간성은 유지된다.

1104
경험을 만들 수는 없다. 겪어야 할 뿐이다

― 알베르 까뮈 (Albert Camus) ―

응석을 부리는 아이와 놀아주거나, 책을 읽어주고 싶지 않은 사람이 누가 있겠는가? 다른 이들, 그리고 우리 중에 좀 더 행복하고 풍요로운 삶을 살 수 있게 시간을 내어 자원봉사를 할 생각을 해보지 않은 사람이 있겠는가?

지병의 한계에 압도당한 느낌이 들었다는 이유로 미루거나 거부해 왔는지도 모른다. 우리는 아마도 삶에 대한 본질적인 통제력을 상실당한 피해자의 느낌을 받았을지도 모른다.

좋건 나쁘건 모든 경험은 우리가 창조한 것이 아니라는 사실을 이해할 때 일상은 놀랍도록 나아진다.

함께 나누고, 참여하고, 손을 내밀 기회가 우리 앞에 있다. 그것을 잡아야 한다.

나는 쉬운 선택이 아니라, 좋은 선택을 하는 데 마음을 쏟겠다.

1105
행복했던 지난날을 기억하며, 이승에서 하지 못한 감사의 말을 사자의 귀에 대고 속삭이고 싶다

— 권 토마스 (Gwyn Thomas) —

우리가 상실감에 대해 반응하는 방식은 뻔하다. 상실에 대해 보이는 보편적인 반응은 후회이다.

"그 친구를 얼마나 사랑하는지 말해줬어야 하는 건데."

"그때 한 말 미안하다고 말했어야 하는데."

이런 후회의 진술은 지병에 수반되는 후회와 무척 닮았다.

"건강할 때 꿈을 좇았어야 하는데."

우리의 유일한 잘못은 원하는 일과 말을 할 시간은 항상 많이 남아 있다고 믿는 것이다. 이 깨달음을 현재로 가지고 와, 오늘부터 긍정적인 말과 일을 할 때 우리의 치유는 완성된다.

> 과거의 후회를 놓아버리면, 나는 오늘 더욱 애정 어린 사람이 될 수 있다.

1106
위대한 일을 이루기 위해서 결코 죽지 않을 사람인 것처럼 우리는 살아야 한다
― 보베나르끄 (Vauvenarques) ―

우리가 부닥치는 한계 가운데서 제일 큰 한계는 사실, 우리 스스로가 강요한 것이다. 학업을 다시 시작하기에는, 직장을 바꾸기에는, 다른 일을 새로 시작하기에는 너무 늦었다고 믿음으로써 스스로를 제한한다. 시간의 개념을 오해하기 때문에 일부러 스스로를 묶어두는 것이다.

시간을 친구인지 적인지 결정하면 된다. 새로운 경험을 낯설어한다면 시간은 적이다. 그러나 캔버스에 붓을 들거나, 마침내 자동차 운전을 배우거나, 혹은 그토록 원해 왔던 직장에 응시함으로써 미지의 영역으로 불안한 걸음을 기꺼이 들여 놓을 때, 시간은 우리의 친구이다. 바로 이 순간, 오늘을 소유하므로 우리에게는 세상의 모든 시간이 다 있는 것이다. 모든 순간이 위대한 일을 시작할 때이다.

오늘 시작할 위대한 일을 결정할 사람은 오직 나뿐이다.

1107
밤은 우리의 고뇌를 사라지게 하기는커녕 환하게 밝힌다

— 루시우스 아나에우스 세네카 (Lucius Annaeus Seneca) —

우리가 극복하는 기술 가운데 가장 위대한 기술은 현실적인 기대를 거는 것이다. 신음을 하거나 불평할 기회가 많이 줄어들 것이다. 자기 연민에 빠지지 않아도 된다. 육체의, 감정의 고통을 안고 몸부림치며 깨어나 있을 때, 우리는 모든 밑천을 사용할 수 있도록 배운다.

침실 환경을 쾌적하게 만들면 우리 스스로 위안이 될 수 있다. 꽃이나 책장, 독서용 램프 등과 같이 작은 소품을 갖다놓는 것은 단순히 장식의 효과를 높이는 것 만은 아니다. 우리가 그곳에서 불면의 시간을 보내고 있다는 사실의 인정이다. 잠들지 못하는 밤이 있겠지만 인정하고 또 대비한다면, 두려움이 줄어들고 좀 더 편안해질 것이다.

잠이 들지 않아도 안락한 침실에서 편히 쉬겠다.

1108

우리가 좋아했던 부분에 대한 즐거움보다 우리가 버렸던 부분에 대한 후회를 많이 경험할 때가 있다

— 조제프 룩스 (Joseph Roux) —

과거의 사랑이나 접어둔 일, 끝까지 마치지 못한 학업에 대해 생각해 볼 때가 있다. 이런 향수에 젖은 평가는 기쁨보다 후회를 더 많이 안겨주는 법이다.

우리가 속한 공동체와 더불어 시작할 수 있다. 영적인 체험, 가족이 모여 함께 보내는 시간, 우정, 그리고 사랑과 같이 눈에 보이지 않고 만질 수도 없는 목록을 우리는 곧 깨닫는다. 실수와 승리, 실망과 기쁨 사이에 놓인 균형을 보다 명료하게 본다면, 하루하루 똑같은 균형 감각을 기대하며 살 수 있다.

> 내가 선택한 것 가운데 훌륭한 일들에 집중할 때 잃어버린 것에 대한 후회를 덜 수 있음을 깨닫겠다.

1109
신념은 흔들림 없는 자신감이자, 확신에 찬 나머지 천만 번 그것을 위해 죽어도 좋을 신의 은총에 대한 믿음이다

— 마틴 루터 (Martin Luther) —

위기에 처하게 되어, '왜 하필이면 접니까?'를 되뇌던 경험을 겪은 사람이 많다. 우리는 개인적으로, 나쁜 시기를 선사받았다는 느낌이 들어 혼란스러워진다. 우리 믿음이 흔들릴 수도 있다. 시간이 흐르고 삶의 외관이 정상적인 모습을 찾아갈 때, 세상에는 쉬운 해답이 없다는 것을 이해하겠지만, 우린는 믿음으로 힘겨운 시간을 통과할 것이다.

결국, 이전보다 더욱 강해진 믿음과 목적의식을 느낄 때까지, 우리 자신보다 위대한 신에 대한 믿음이 더욱 확고하게 자리 잡는다.

> 나 자신의 힘을 얻어가면서 믿음을 더욱 넓혀 존귀한 신에 대한 믿음으로까지 갈 것이다.

1110
자격을 따지기 전에 결점을 고백하는 것이 훨씬 수월하다
― 맥스 비어봄 (Max Beerbohm) ―

친구에게 미안하다고 하면서 이렇게 말할지도 모른다.
"그렇지만 난 항상 그랬잖아."라든가 "어쩔 수 없었어."라고.

자신을 정직하게 바라볼 믿음이 없어서 우리는 그런 변명을 늘어놓았던 건지도 모르겠다. 성격상의 결함을 진지하게 검토하고 변화하고자 하는 의욕을 가진다면, 타인을 향한 고백은 더 이상 변명으로 채워지지 않는다. 대신, 자신의 결점을 받아들이고 존귀한 신에게 그것을 없애달라고 부탁한 다음, 우리가 존경하는 자질을 갖도록 노력해야 한다.

📩 나의 결함을 인정하고 그것을 없애기 위해 노력하기 시작할 때 나의 결함은 바뀔 수 있다.

1111
삶을 바칠 만한, 아니 죽어도 좋을 만큼 위대한 것을 찾을 수 있도록 기도하라

— 대그 해머스퀼트 (Dag Hammarskjold) —

배우자나 절친한 친구 혹은 사랑하는 자녀를 보내고 처음 맞는 축제기간에, 그 시간을 견뎌낼 수 있을지 자신이 없다.

우리는 연민에 빠진다. 고통은 우리의 외로움을 증폭시키며, 세상이 온통 축제 준비만 하는 것처럼 보일 뿐이다.

우리의 지병을 극복하는 데 도움이 되었던 전략을 사용하여, 불행에서 빠져나올 수 있다.

> 축제가 힘겹다는 것을 알며, 하루에 한 번씩 그날을 받아들인다면 잘해낼 것이다.

1112
인생은 과거에서 나와 미래로 향하는 감정의 향유이다

— 알프레드 화이트헤드 경 (Alfred, Lord Whitehead) —

인생은 우리가 예상했던 것보다 훨씬 빠르게 흐른다.

자식들이 어렸을 때, 우리 앞에는 아이들을 양육하고 교육시킬 시간이 무한하게 뻗어 있을 것처럼 보였다. 그러다 갑자기 자녀들은 대학에 들어가고, 결혼을 한 다음 자기 자식을 낳는다.

우리는 하루하루 최선을 다해 살아야 한다. 다시는 과거를 되찾을 수 없을 것이기 때문이다. 오늘 우리가 만드는 추억은 지금, 그리고 나아가 앞으로 다가올 날들을 풍성하게 한다. 좋은 추억을 만드는 것이 우리에게 도움이 된다.

삶을 풍성하게 즐기는 것은 우리의 소망이다. 우리는 다시 풍성하고 아름다운 미래를 기대할 수 있다.

나를 고통스럽게 만드는 삶의 모든 국면에 대처하기 위해 노력하겠다.

1113
명상은 목표를 위한 수단이 아니다. 목표도 없고 도달할 곳도 없다

— 크리슈나무르티 (krishnamurti) —

우리는 하루에 대해 확대한 사고로 명상을 이용하려는 경향이 있다. 어떤 이들은 명상으로 하루를 시작하고, 또 어떤 이들은 잠자리에 들기 전 마지막으로 명상을 이용한다.

명상은 심오하고 편안한 사고를 북돋운다. 명상하는 방법은 중요하지 않다. 문화에 따라 서로 다르기 때문이다. 중요한 것은 풍요로운 영적 자원에 의지하여, 하루하루 가장 적절한 생각과 우리 자신을 개선시키는 데 진지한 시간을 들일 수 있도록 하는 일이다.

> 명상을 하면서, 하루를 마칠 때까지 지니고 다닐 **특별한 생각**을 하겠다. 나 자신에게 중요한 일을 할 것이다.

1114
휴식은 아무것도 하지 않는 것이아니다. 휴식은 회복이다

— 다니엘 W. 조셀린 (Daniel W. Josselyn) —

우리는 가끔씩 삶의 무게로 인해 낙담한다. 언제나 낙천적일 수만은 없다. 하루나 이틀쯤 그 짐을 벗어버릴 수 있어야 한다. 그렇게 하는 것이 우리의 의무이다.

슬픔이나 혐오감, 분노, 탈진 같은 느낌에 굴복할 때 대개 죄의식을 느낀다. 왜 그럴까? 건강에 문제가 있다고 해서 누구나 직면하는 문제로부터 하나라도 면제받을 수는 없다. 침대에서 일어나야 할 이유가 없는 것처럼 느껴지는 날이 있을 것이다. 괜찮다. 휴식을 취하면서 정신의 건강을 얻으면 된다. 가끔은 세상을 마주하는 데 필요한 육체적, 정서적 강인함을 회복하도록 우리 자신을 내버려둘 수도 있다.

오늘은 편히 쉬는 날로 마음먹고서 인생을 단순하게 살겠다.

1115
진보를 위한 방은 항상 있다
그것은 내 안에서 제일 넓은 방이다

— 루이즈 헤스 레버 (Louise Heath Leber) —

비판을 수용하는 것은, 아무리 건설적인 것이라고 하더라도, 받아들이기가 너무 힘들다. 어린 시절에는 우리가 그린 그림이나 장난감 집에 온 촉각을 곤두세웠을 것이다. 우리는 우리가 원하는 대로 사물이 있는 방식을 좋아했다.

재능이 많고 감수성이 풍부해서 상처를 주지 않고 비판을 할 수 있는 사람은 별로 없다. 비판에 귀 기울이는 법을 배울 때, 우리 자신을 냉정하게 평가할 수 있다. 물론 동의하지 않을 권리도 우리에게 있다.

비판은 때로 사랑과 이해로 누그러지기도 한다. 우리는 비판에 대한 포용성으로 인해 좀 더 엄격해지고, 즐거운 마음으로 변화를 추구할 수 있게 된다.

 비판을 받아들이며 득이 될 때는 변하려고 노력하겠다.

1116

미래는 희뿌연 거울이다. 그 안을 들여다보려고 애쓰는 사람에게는 늙고 근심 어린 얼굴만이 희미한 윤곽으로 보일 뿐이다

— 짐 비숍 (Jim Bishop) —

우리는 거울을 들여다보며 눈에 보이는 것을 꼬치꼬치 따지며 보내는 시간이 많다. 눈에 보이는 것이 전부 마음에 드는 시기는 살면서 한 번도 없지만, 어른이 되면서 우리 삶은 다차원적이란 사실을 차차 깨닫는다.

외모를 받아들이고 우리 내면의 자아를 바탕으로 노력하면, 에너지가 생긴다. 미래를 기대하고, 우리의 겉모습은 본모습만큼 중요하지 않다는 생각을 통해 현재를 살아가야 한다.

오늘부터, 변화는 타인들에게 가장 큰 기쁨을 준다고 생각하겠다.

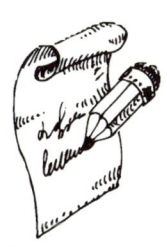

1117
사람들은 계획하고, 신은 웃는다

— 이디시 속담 (Yiddish Proverb) —

세대와 세대를 거치면서, 벌어지는 일들이 순전히 무작위로 선택한 데서 발생했음을 우리 조상들은 깨달았다. 자연재해가 발생하고, 사고가 일어나며, 사람들은 어긋난 시기에 어긋난 곳에 있다. 하지만 정상적인 시기에 정상적인 장소에 있는 것은 어떻겠는가?

비현실적인 계획을 버리고 신이 우리 삶을 주관하도록 맡겨야 할 시기가 있다는 것을 깨닫는다. 놓아 버림으로써 우리는 행복을 만들 수 있다.

> 최후의 결정은 나보다 위대한 신이 한다는 사실을 알고 있으므로 계획을 세우고 성공을 기원한다.

1118
삶은 정지된 것이 아니다
— 에브렛 M. 덕슨 (Everett M. Dirkson) —

변화는 아주 서서히 일어나기 때문에 우리가 그것을 알아차리지 못할 때가 있다. 차차 변화가 생길 때 우리는 받아들이고 반기기까지 하지만, 갑자기 생기는 변화에 대해서는 수용하기가 쉽지 않다. 급작스러운 변화는 우리가 기대한 것과는 맞지 않으며 우리 삶에 혼란을 초래할 수 있다.

변화를 막을 수는 없으며, 결국 이러한 변화에 대한 우리의 반응을 변화시킬 수 있을 뿐이라는 사실을 깨달을 때, 그것을 받아들이기는 훨씬 수월해진다.

건강이 쇠약해지는 것을 막을 수는 없지만, 긍정적인 태도가 우리 삶에 끼치는 영향력은 분명히 이해할 수 있다.

나는 바꿀 수 없는 일은 받아들일 것이다.

1119
쉬운 삶에 대한 공식은 없다. 공식이 있다고 말하는 사람은 농담을 하거나 거짓말을 하고 있는 것이다

— 해롤드 러셀 (Harold Russell) —

건강과 질병, 부와 가난을 놓고 선택하라고 한다면, 대부분의 사람들은 앞의 것들을 고를 것이다. 하지만 우리가 아무리 건강하고 우리가 아무리 부유하더라도 쉬운 삶에 대한 확증은 없다.

'삶을 편하게 만들려는' 우리의 소망은 시스템 전체에 중압감을 주는 집착이 된다. 삶을 편하게 살려는 이 소망과 우리가 피할 수도 있는 스트레스를 벗어나기 위해서는, 우리 자신만의 아름다운 인생이라는 현실로 돌아올 필요가 있다.

> 쉬운 삶에 대한 보장은 없지만, 내가 원하는 대로 변하고 성장할 기회는 보장받았다.

1120
두려움이 뒤섞이지 않은 희망은 없으며, 희망이 섞이지 않은 두려움은 없다

— 바루치 스피노자 (Baruch Spinoza) —

우리들은 중요한 삶의 변화를 겪을 때마다 두려워진다. 우리가 알지 못하는 것에 대한 두려움이다. 우리는 삶을 계획해 왔다고 생각한다. 위기는 예기치 못하게 일어나기 때문에 강도나 부러진 다리, 혹은 사랑하는 사람의 죽음에 대비할 길이 없다. 이런 사건들은 우리 삶을 극도의 혼란 속으로 내던진다. 적응하다 보면 일상의 긍정적인 부분을 찾을 수 있게 된다. 좋은 시절을 회상하는 습관이 들고, 더 나은 시절이 오리라는 희망, 아니 기대를 갖게 된다.

 긍정적인 행동과 생각이 필요하다는 것을 알겠다. 일상에서 좋은 사람과 사건을 찾겠다.

1121
현실의 삶은 대개
우리가 의도하지 않은 삶이다
— 오스카 와일드 (Oscar Wilde) —

시기하는 감정을 즐기지는 않지만, 타인이 가진 것을 갖고 싶다는 소망을 품어본 적은 있다.

"그 여자처럼 내 몸이 그랬으면."

"이 약을 먹지 않아도 좋으련만. 그 사람은 안 그런데."

부러운 감정이 지나가고 나면, 열정을 가지고 우리 자신의 삶으로 돌아와야 한다. 다른 사람이 하는 것을 하지 못하고, 다른 사람이 가진 것을 갖지 못할 수도 있지만, 우리 삶은 우리를 부유하고 능력 있는 사람으로 만들 수 있는 경험들로 가득하다. 우리의 모습이나 우리의 소유, 혹은 삶의 방법과는 상관없이, 각자 아주 중요한 삶을 살고 있다.

> 나 자신과 지금 살고 있는 이 삶을 존경한다. 오늘, 삶의 기쁨과 소중함에 집중하겠다.

1122
둔감한 마음과 자상한 가슴을 위해 기도할 뿐이다
— 루스 그레이엄 (Luth Graham) —

친구의 말이나 행동 때문에 화가 나고 상처 입고 실망하게 되는 때가 있다. 이럴 때 마다, 우리는 자신 대신 그들에게 초점을 맞춘다.

"그이 때문에 감정이 상했어."

"그 여자 때문에 화가 났어."

이런 표현에서 논법의 오류가 드러난다. 우리에게 이런저런 느낌이 들도록 만드는 사람은 아무도 없다.

반응을 선택하는 것이 자신임을 깨달을 때, 우리 삶은 더 행복해지고 감정은 더욱 풍요로워진다.

"나 때문에 상처받거나 실망한 거야."

이것을 알고 나면, 타인이 우리에게 영향을 끼치는 방법을 우리가 선택할 수 있다. 대신 타인의 고통을 이해하는 데 우리의 감수성을 사용하도록 하자.

> 나는 친구의 결점을 눈감아주고, 그들의 강인함을 강조함으로써 친구에게 더욱 애정을 기울이겠다.

1123
사람의 첫째 의무는 무엇인가? 대답은 간단하다. 자기 자신이 되는 것이다

— 헨릭 입센 (Henrik Ibsen) —

육체적인 것 뿐만 아니라 정서적, 영적으로도 우리 자신을 무시하는 경향이 있다. 제대로 먹지 못하거나 잠을 충분히 잘 수 없을 때, 우리 내면의 욕구에 대해서는 맹목적으로 무시할 때가 있다.

우리는 각자의 생활로부터 생각을 하고, 계획을 세우고, 매일매일 들려오는 삶의 아우성으로부터 멀어질 필요가 있다.

이따금 아주 짧은 순간이라도, 우리 자신을 위한 시간을 갖자. 그래야 우리 삶을 제대로 평가할 수 있고 혼자서도 마음 편히 쉴 수 있다. 진정한 우리가 될 수 있다.

> 바쁘다는 핑계로 나 자신을 숨기지 않겠다. 오직 나만을 위한 시간을 가지고 인간적인 나의 욕구를 깨달을 것이다.

1124

<u>말 속에 들어 있는 친절함은</u>
<u>자신감을 창조한다.</u>
<u>생각 속에 들어 있는 친절함은</u>
<u>정중함을 창조한다.</u>
<u>베푸는 곳에 들어 있는 친절함은</u>
<u>사랑을 창조한다</u>

— 라오 츠 (Lao Tzu) —

축제일가 다가오면, 축제기간이 주는 즐거움 끝에 허탈해하는 젊은 친구들을 볼 수 있다. 무엇인지 모를 자기 연민에 빠지는 것은 자연스러운 일이다. 지나가 버린 축제와 똑같은 날이 다시는 올 것 같지 않아 보이기 때문이다.

이제 새로운 추억을 만들 시간이다. 우리 힘으로 창조할 수 있다. 축제기간 동안 좋은 시간을 가지지 못한 것에 대해, 우리 자신 말고 누구를 비난하겠는가? 오늘을 함께 나눌 사람이 있는가? 자상한 우리의 생각이며 행동에 감동받을 사람은 있는가? 우리 자신을 조건 없이 줄 수는 없는가? 축제기간은 소외되는 것이 아니라, 손을 내미는 시간이다.

낡거나 새로운 축제 전통을 타인에게 전할 능력이 나에게는 있다.

1125
시간과 기회는 축구공이다
많이 찰수록 실력은 좋아진다
그러면 전체 게임을 검토하고
가장 중요한 규칙까지도 알 수 있다

— 랠프 왈도 에머슨 (Ralph Waldo Emerson) —

절제된 삶을 사는 데는 묘한 매력 같은 것이 있다. 우리 주변의 사람이나 사물을 통제하려고 노력할 때 우리가 추구하는 안전 같은 것인지도 모르겠다. 늘 그렇지만, 하나를 잃지 않고는 다른 것을 얻을 수 없다. 이런 경우에 우리가 안전을 택한다면 자발성이나 자극은 잃어버린다.

차선(次善)의 방법이 눈앞에 버젓이 있는데, 위험한 모험을 하거나 어리석은 선택을 내리고 싶지는 않겠지만, 삶에 대해 지나치게 억제하는 억척스러움을 풀어버리고 싶을지도 모른다.

인생을 풍성하고 즐겁게 살기 위해서는 삶이 건네는 경험을 두루두루 살피기를 원하고, 또 그래야 한다. 혹이 생기고 멍이 들 때도 있지만, 기쁨과 만족을 찾을 수도 있다.

✈ 오늘, 예기치 않은 삶의 모습을 반갑게 맞겠다.

11 2 6
나무와 벌판은 아무 말도 하지 않는다. 인간이 나의 스승이다

— 플라톤 (Plato) —

우리에게 최초의 스승은 부모님이셨다. 그분들에게서 조건 없는 사랑과 포용을 배우고 종교적인 믿음을 키워왔을 터이다. 나중에는 교사를 통해 윤리도 배웠다.

'나무와 벌판은 아무 말도 하지 않는다.'는 것을 문제 삼는 사람이 있을 수도 있다. 하지만 바로 그때 자연의 아름다움에 대한 우리의 식견은, 우리의 부모님과 스승의 가르침과 격려였다는 사실을 깨닫는다. 우리는 바로 눈앞에서 펼쳐지는 자연의 환희를 목격한다. 그러나 인생이라든가 성장, 그리고 죽음에 대한 이해는 사람들의 가르침에 대한 이해에서 나온다.

배움에 있어서 나에게 유익한 것을 되도록 많이 얻기 위하여 나는 마음을 열어 배우겠다.

1127
슬픔은 삶을 가둔다.
사랑은 삶을 해방시킨다

— 해리 에머슨 포스딕 (Harry Emerson Fosdick) —

오래된 상처를 핥고 돌보느라 너무 많은 에너지를 쏟을 때가 있다. 슬픔을 품으면 고통만 생길 뿐이다. 감정을 작고 단단한 덩어리로 만들어 시야에서 멀어지게 한다.

쓰라린 감정을 벗어나 애정 어린 감정으로 옮겨가는 것이 하루아침에 일어날 수는 없지만, 우리 자신을 보살피고 타인에게 마음을 열어놓을 때 가능하다. 친구나 가족이 우리를 돕게 내버려두는 것도 하나의 시작이다. 사랑의 느낌이란 얼마나 놀랍고 포근한지 우리는 곧 기억하게 된다. 서로를 믿는 따스한 감정이 우리에게서 흘러나와 타인에게 전해진다. 우리는 사랑에 힘입어 감정을 회복할 수 있다.

결국 필요치 않은 고통으로부터 해방된다. 조건 없이 사랑하는 법을, 그리고 우리 자신을 사랑하는 법을 다시 한 번 배우고 있다.

  슬픔 속에 갇혀 있을 필요는 없다. 나를 자유롭게 할 수 있다.

1128
시간은 친절하게 사용하는 자들에게만 친절하게 대한다
— 아나톨 프랑스 (Anatole France) —

우리는 인생을 너무 진지하게 생각했던 때가 있다. 이유야 어떻든(가족문제나 금전문제, 건강문제 등) 걱정으로 인해 일상의 모든 사건들이 슬프거나 부정적인 생각에 사로잡혔을 때, 유익한 가능성을 보는 것은 쉽지 않다.

삶을 다루기 쉬운 조각들로 나누어 친절하게 다룰 때, 신기하게도 좋아지고 수월해진다. 문제를 놓고 몇 달이고 몇 년이고 계속 생각하려고 고집한다면, 문제는 극복하기 어려운 것으로 보인다. 그러나 과감하게 오늘 속에 살려고 노력할 때, 시간은 우리를 더욱 친절하게 대하여, 작은 시간의 단락 속에서 대처해야 할 것의 그림을 투명하게 보여준다.

오늘은, 24시간 안에 해결해야 할 문제에만 집중하겠다.

1129
미래에 대한 불안 때문에 시작에서 물러서면 안 된다

— 루이스 F. 프레스널 (Lewis F. Presnall) —

성공을 기대할 수 없다는 이유로 꿈을 접어 옆으로 치워놓는 경우가 너무 많다. 새로운 사업이나 새 가정, 심지어 자기 개선 계획에 관한 꿈은 그 일이 안 될 것 같은 이유를 생각하는 것만으로도 쉽게 버려진다.

"돈이 없어서." 우리는 이렇게 단정한다. 아니면 "경험이 많지 않아서." 더 심하게는, "전에도 그랬듯이 성공할 수 없을 거야." 하고 말이다.

미래는 우리 노력에 훼방을 놓기 위해 기다리는 적이 아니다. 내일은 오늘 우리가 내리는 결정과 행동에 따라 모양을 갖추는 경우가 많다. 지금 당장 시작하자.

> 오늘 내가 내린 선택은 미래에 영향을 끼칠 것이다.

1130
인간이 평온함에 자족해야 한다고 말하는 것은 헛되다. 인간은 행동해야 한다. 찾을 수 없다면 만들어야 한다

— 샬럿 브론테 (Charlotte Bronte) —

평온한, 흥분하지 않는, 고요한, 평화스러운. 이것을 우리는 이해하고 욕망한다. 우리가 평온한 삶을 원하는 것은 분명하다. 지병이 있기 전에는 적극적으로 삶을 추구했기 때문에, 평화와 평온함을 당연한 것으로 여겼을는지도 모른다. 행복과 자족은 의식적으로 생각하지 않아도 자동적으로 따라오는 것이었다.

우리 마음과 몸에는 활동이 필요하다.

나의 행동으로 인해 평온함은 커질 것이다.

12월
DECEMBER

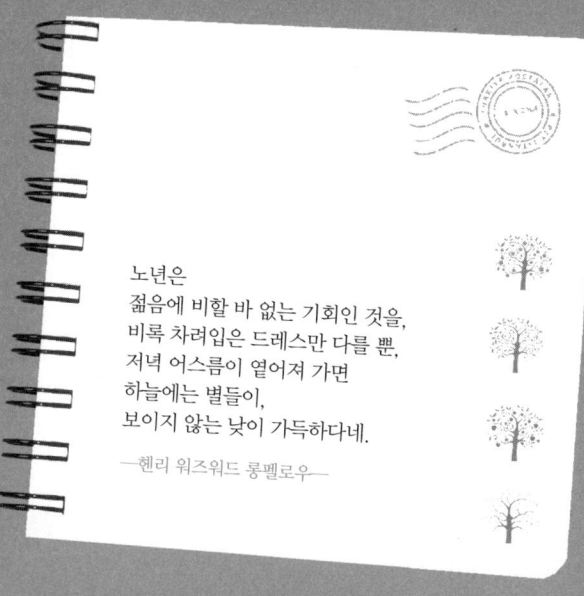

노년은
젊음에 비할 바 없는 기회인 것을,
비록 차려입은 드레스만 다를 뿐,
저녁 어스름이 옅어져 가면
하늘에는 별들이,
보이지 않는 낮이 가득하다네.

―헨리 워즈워드 롱펠로우

12 01
**현명한 인간은
품위와 침착함을 지닌 채
죽음을 바라보며,
삶이라는 선물 안에 비극은
처음부터 있었다는 것을 깨닫는다**

— 콜리스 라몽 (Corliss Lamont) —

    지병은 삶의 덧없음을 고취시키는 경향이 있다. 쇠약한 건강으로 인해 우리가 애초에 기대했던 수명만큼 못살지도 모른다는 염려에 빠지는 사람도 있다.

    우리는 두려움을 누그러뜨리기 위해 죽음에 관하여 가족 구성원과 함께 대화를 시작하고 싶어 한다. 우리의 장례식이 어떻게 다루어져야 할지에 대하여 개인적인 생각을 우리들 각자가 하고 있는 까닭에, 대화는 사랑하는 사람과 정보를 나눈다는 느낌밖에 주지 않는다. 죽음의 가능성에 관하여 이야기하는 것에서 위안을 받는 사람은 아무도 없겠지만, 솔직히 의논을 하고 나면, 잠깐 동안이라도 우리 걱정을 옆으로 제쳐놓을 수 있다.

✈ 나의 두려움과 아쉬움을 이해한다는 것을 알기 때문에 위로를 받는다.

1202

<u>길들여진다는 것은
시간에 대한 감각이
엷어지는 것이다.
그래서 젊은 시절은 천천히 흐르는 반면,
이후의 삶은 시간이 흐를수록
점점 더 빨리 달아나는 것이다</u>

— 토마스 만(Thomas Mann) —

틀에 박힌 우리의 일상은 너무 기계적이라 선택을 하는 것조차 의식하지 못하게 된다. 그러다 우리는 느닷없이 너무도 중요한 일들 가운데 많은 것을 하지 않았다는 사실을 깨닫는다. 같은 일만 하고 같은 말만 하며 하루하루를 지내거나, 전날과 똑같은 날을 산다면, 안전하게 살기로 선택한 것이다. 그러나 우리는 생각한다.

'그때 그럴 수 있었더라면.'

스스로를 위하여 더 나은 선택을 하기 위해 우리 삶을 송두리째 바꿀 필요는 없다. 우리가 해야 할 일은 우리 앞에 펼쳐진 모든 기회를 보는 것이 전부이다.

어제의 나를 작별하고 열정과 희망으로 새로운 만남을 준비할 것이다.

12 03
행복은 몸속의 고통도 마음속의 고통도 없는 상태이다

— 토마스 제퍼슨 (Thomas Jefferson) —

우리는 어떤 단계를 거치며 지나치게 긴장할 수가 있다. 고통이나 근심, 스트레스로 인해 근육은 뻣뻣해지고, 건강문제의 충격에 대항하는 몸은 긴장할 수도 있다. 몸이 긴장으로 인해 굳어질수록, 사랑하는 이들을 향한 인내심이나 친절함은 줄어든다.

우선은 스스로 긴장과 관계된 감정을 정확하게 알아야 한다. 천천히, 깊게, 깨끗한 호흡을 하면서 마음을 가라앉힐 수 있다. 우리 자신에게 은혜를 베풀어, 긴장을 풀고 쉬는 법을 배우도록 하자.

 나는 몸의 긴장을 풀고 쉬는 법을 배움으로써, 마음의 자유와 중용을 지키는 데 집중할 것이다.

1204
비극은 늘 자신보다 강인한 것과 벌이는 인간의 투쟁을 의미한다

― G. K. 체스터론 (G. K. Chesteron) ―

커다란 건강의 변화를 겪는 사람들은 그것을 비극이라고 생각한다. 건강을 잃어버린다는 것은 섬뜩한 변화이다. 그러나 우리 개인의 문제를 계속 감추어 두는 것, 도움과 의지를 받기 위해 손을 내밀지 않는 것. 이것이야말로 진정한 비극이다.

사랑하는 이들에게 손을 내밀자. 쓰라린 감정에 빠져 있기보다, 타인들과 함께 어울리며, 개인의 비극을 넘어서 승리를 거머쥘 수 있다.

📄 나의 믿음과 자신에 대한 신념으로 하루가 다르게 강인해질 것이다.

1205
용서는, 부서지면 다시 만들고 더러워지면 다시 깨끗하게 만드는 기적의 해답이다

— 대그 해머스퀼트 (Dag Hammarskjold) —

관계가 틀어지거나 친구들끼리 서로 화를 낼 때 우리는 모두 약간의 죄책감을 느낀다. 비난받아야 할 사람은 우리 주변의 사람들이 아니다. 사실은 우리의 잘못일 때가 있다. 말을 잘못 건네거나, 모질고 심한 말을 친구에게 던졌을 수도 있다.

우리의 실수를 주워담을 수도, 우리가 한 말을 취소할 수도 없지만, 용서를 구하고 화해 할 수는 있다. 또한 타인이 우리에게 상처를 줄 때 그들을 용서할 수도 있다. 용서야말로 우리의 관계를 온전하게 만든다는 사실을 알기 때문이다.

> 다른 이들이 용서하기를 기다릴 필요가 없다. 내가 먼저 화해를 청할 것이다.

1206
지도자는 희망의 주재자이다
— 나폴레옹 보나빠르뜨 (Napoleon Bonaparte) —

타인을 지도한다는 것은 모범이 된다는 뜻이다. 뒤에서 사람들을 떠미는 것이 아니라, 자신감을 가지고 앞으로 행진한다는 뜻이다.

우리는 모두 한때는 지도자가 된다. 아이를 키우고 타인과 어울려 일하며, 관계를 도모하는 것, 이 모든 일에는 가끔씩 리더십이 필요하다. 건강에 대한 관심에도 리더십이 필요하며, 희망에 찬 영혼으로 나아갈 때 크나큰 성공을 발견한다. 의료사회와의 협조 속에서 희망은 드러나며, 삶을 풍성하고 기쁘게 살려는 우리의 열의 속에서도 나타난다.

나의 희망, 열정, 그리고 성장은 나와 타인들이 지병에 대처하는 데 도움이 된다.

1207
인간은 해야 할 일에 순응하지 못하고
인간은 해서는 안 되는 일에 순응한다.

— 진 투머 (Jean Toomer) —

10대들은 거의가 감자튀김, 탄산음료, 초콜릿을 좋아한다. 패스트푸드나 설탕은 대부분 우리 몸에 해롭다는 것을 알고 있으면서도 영양가 없는 음식을 우적우적 먹어대는 사람들이 많다.

어른의 관점을 지니게 된 지금, 새로운 것에 적응하는 것이나 나쁜 습관을 없애는 것이 훨씬 수월해질 것이라고 생각하는 사람이 있을 것이다. 천만에! 변화에 순응하는 것은, 그것이 특히 건강과 관련될 때는 쉽지 않다.

가장 어려운 문제 가운데 하나는 장기적인 문제에 대처하며 균형을 유지하는 일이다. 변화에도 불구하고, 질병을 안고서 순응할 수 있다는 사실을 배운다. 우리는 여전히 강하고 행복할 수 있다.

> 병을 안고 훌륭한 삶을 살 수 있는 나의 능력을 확신한다.

1208
질병보다 못한 처방이 있다
— 푸빌리우스 사이러스 (Publilius Syrus) —

좀 더 안정적인 건강상태로 돌아갈 수 있도록 처방된 약제가 부작용을 초래할 때가 있다. 건강의 악화로 인한 탈진상태를 고치기 위해 만들어진 약품이 피로감을 유발한다니, 얼마나 어처구니없는 일인가. 가령 관절염에 쓰이는 알약이 다른 의료 문제를 초래할 잠재성이 있다는 건 정말 웃기는 일이다.

하지만 이런 부작용에도 불구하고, 의사와 면담할 때까지 처방된 투약을 멈춰서는 안 된다. 의사는 부작용이 최소화되도록 도울 수 있다. 문제를 안고 사는 법을 배워 나가는 과정 속으로 한 걸음 더 나아갈 수 있다.

> 의사와 이어지는 대화의 끈을 놓치지 않고, 될 수 있는 한 수월하게 헤쳐 나가도록 하겠다.

1209

> 삶의 목표를
> 승리하는 것으로 본다면
> 타인을 경쟁자로 만들어,
> 우리의 행복을 위협한다.
> 우리가 이기면
> 다른 사람은 지기때문이다
>
> — 해롤드 쿤셔 (Harold Kushner) —

다른 누군가를 이기는 것이 아니라, 개인적인 성취감을 목표로 볼 때, 우리 생각은 더욱 건전해진다.

우리에게는 모두 다른 기술이 있으며, 인정받고 보상받는 것은 사람이 아니라 기술인 것이 보편적이다. 필요한 기술을 소유한 사람이 반드시 우월하거나, 근사하거나, 나아가 가치 있을 필요는 없다. 그 사람이 바로 우리라도 그 점을 받아들이면, 경쟁심으로 무장하지 않고도 개인적인 목표를 향해 매진할 수 있다.

✈ 내가 노리는 유일한 승리는 나의 목표를 이루는 것이다.

1210
이런 시기에는 목숨을 걸고 써야 한다. 이것은 우리 모두가 직면하는 도전이다

— 앙뜨안느 드 세인트 엑수페리 (Antoine de St. Exupery) —

아주 어렸을 때, 우리는 대개 정해진 삶의 여정을 지나왔다. 처음에는 학교, 다음에는 일, 결혼, 그리고 아이들... 우리는 끼고 싶지 않은 포커게임에서 돌려지는 카드라는 사실을 절대 깨닫지 못한다.

아픔과 슬픔, 고통이 있으면 기쁨과 희열, 행복이 온다. 미래를 들여다보고 싶지는 않지만, 여기까지 온 이상, 최대한 능력을 발휘해서 잘 살기를 바란다. 우리의 무거운 짐을 성심을 다해 이루어야 한다는 욕구로 인해 긍정적인 행동과 생각을 향해 전진할 수 있다. 일어난 일이 좋건 나쁘건, 우리가 내리는 선택만큼 일생의 이야기를 결정하지는 못한다. 모험에 직면하기로 마음먹을 수 있다. 우리의 갈 길을 정할 수 있다.

> 변화와 개선은 내가 내리는 결정으로, 오늘부터 시작될 수 있다.

1211
나는 병들고, 상처받고, 비탄에 잠겨 있다. 이제 나는 원하고 소망한다

―플로라 E. 메레디스 (Flora E. Meredith)―

삶에 희망이라고는 전혀 느낄 수 없을 때가 있다. 고통이나 건강에 대한 근심, 두려움은 우리 생각을 좀먹는다. 도움이 필요하다는 사실을 인정하는 데는 어마어마한 용기가 필요하다.

가장 힘겨운 일은 우리 자신의 문제이다. 다시 한 번 온전해지기 위하여, 우리 자신에게 고통스러운 부분은 기꺼이 놓아버려야 하기 때문이다. 도움을 받기 위해서는 기꺼이 놓아버려야 한다.

가장 힘겨운 발걸음으로 존귀한 신의 보살핌 속에 나를 두었다. 이젠 기다려야 한다.

1212
규율 없는 행동, 동정 없는 자비, 헌신 없는 제의는 비현실적이다
— 바가바드 (Bhagavad-Gita) —

지금 하고 있는 일에 이유를 정하지도 못하고 틀에 박힌 채 인생을 열심히 사는 것은 너무나 손쉬운 일이다. 우리에게 걸린 기대라고 생각하는 것에 반응하는 데 너무 익숙해진 까닭에 정작 자신에게는 무엇을 기대하고 있는가에 대해서는 생각해 볼 겨를이 거의 없다. 언제쯤에야 우리 자신을 알고 싶어질까?

자신의 가치나 믿음, 감정에 따라 행동하는지, 아니면 타인의 기대에 대해 반응하는지 결정해야 하는 적절한 순간은 바로 지금이다.

이를 통하여, 자비롭고 영적인 우리의 행동은 변하는 것이 아니라 현실적인 모습을 갖추게 될 것이라는 사실을 발견하고는 놀랄지도 모르겠다. 그런 행동은 방향이라든가 규율, 타인에 대한 사랑, 자아에의 수용에 대한 우리 내면의 감각에 의해 창조되기 때문이다.

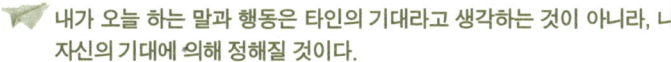

내가 오늘 하는 말과 행동은 타인의 기대라고 생각하는 것이 아니라, 나 자신의 기대에 의해 정해질 것이다.

1213
노력, 다시 노력하라. 처음에 성공하지 못한다고 하더라도, 노력, 다시 노력하라

— 윌리엄 E. 히킨슨 (William E. Hickson) —

우리 스승들은 한 번 더 노력하라고 말씀하셨다. 우리 부모님께서는 한 번 더 해보라고 가르치셨다. 가끔 그것은 조악한 필체로 해놓은 숙제를 다시 베끼는 일처럼 단순한 것일 때가 많았다. 그때는 어른이 되어간다는 사실을 깨닫지 못했다.

때로는 유익한 충고에 귀를 기울이기가 어려울 때가 있다. 그것을 받아들이는 일은 더욱 힘겨웠다.

목표를 재평가하고, 우선순위를 정립하여, 진정 우리가 나아가는 곳이 어딘지 더욱 현실적인 태도를 지니도록 배울 때, 다시 노력하는 것은 더욱 큰 의미를 지니기 시작한다. 다시 노력하는 것이 반드시 반복해서 한다는 뜻은 아니다. 그것은 완전히 새롭게 노력한다는 의미이다. 변화를 감행한다는 의미일 수가 있다.

다시 노력한다는 것은 성장할 여유를 갖는 것을 의미함을 깨닫겠다.

1214
나는 외로움에서 떨어져 나온 고동소리일 뿐이다

— 로라 파머 (Laura Palmer) —

생활의 변화를 겪은 사람이라면 누구나 힘겨울 수 있다. 미망인이 되거나, 이사를 간 사람 혹은 신체적으로 새로운 한계에 대처해야만 하는 사람은 휴일이나 생일, 아니면 기념일이 돌아올 때마다 외로워질 것이다.

우리는 소외감에서 벗어나 전진할 수 있다는 사실을 발견하기도 한다. 축제일을 비롯한 다른 행사일은 전통이나 사랑, 그리고 가족의 가치를 다시 한 번 확인 시켜준다. 이런 날 우리는 친구나 가족이 반겨주는 울타리 안에 우리 자리가 있음을 기억해야 한다.

나는 축제기간, 아니 언제라도 손을 내밀 것이다.

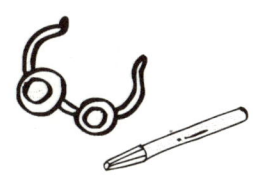

12 15
최악의 결점은, 결점을 알아차리지 못하는 것이다

— 토마스 칼라일 (Thomas Carlyle) —

우리가 완전하지 못하다는 것은 잘 알고 있다. 우리는 다른 모든 이들과 마찬가지로 수백만 가지의 행동을 할 수 있는 존재이다. 자상하게, 하지만 정직하게 우리 자신을 평가할 때, 우리의 결점을 고칠 수 있는 지점을 발견하고, 타인의 결점에 대해 더욱 관대하고 포용적인 태도를 갖게 된다.

우리 스스로에 대한 그리고 우리가 염려하는 모든 이들을 향한, 조건 없는 사랑이 결점을 가리지는 못하지만, 강인함과 유약함을 솔직하게 수용할 수 있다.

오늘부터, 나 자신과 타인에 대한 사랑은 결점에 대한 나의 관용 속에 나타날 것이다.

12 16
결점 없는 사람에게는 친구가 없다
— 윌리엄 해즐릿 (William Hazlitt) —

어렸을 적에는, 지금도 마찬가지이지만, 친구를 사귀는 것에 대해 의구심이 많았다. 새로운 친구를 찾으며 우리는 스스로 불문율을 정했다. 그가 나를 좋아할까? 어떻게 접근하지? 함께 나눌 이야기가 많을까?

오래된 관계이거나 새로운 관계에 접근할 때 이런 물음들이 우리 마음속에 다시 생긴다.

우리는 항상 행복하거나 건강하다고 느끼지 않기 때문에, 친구가 교제를 더 이상 소중하게 여기지 않을지도 모른다고 염려한다. 보통 이런 염려는 사실이 아니지만, 두려움과 자기 의심에서 떨어져 나와 우정을 만들고 지키기 위해 진정한 노력을 기울이는 데는 약간의 시간이 필요하다.

 오늘은, 친구가 나에게는 얼마나 중요한지 그에게 알릴 것이다.

1217
슬픔은 아침의 날개를 타고 날며, 빛은 암흑의 심장에서 나온다

— 장 지로두 (Jean Giraudoux) —

해마다 이맘때쯤이면 많은 사람들이 딱히 지병을 앓지 않아도 슬픔이라든가 갈망을 경험한다. 이런 슬픔이 드문 것이 아니라는 사실을 알면 위로가 되며, 슬픔에 저항할 수 있다는 것을 아는 것도 마찬가지이다. 낡은 전통으로 인해 불행했다면, 새로운 관습을 도입하면 된다. 우리 스스로 고립을 자초했다면, 단체 활동에 참여하면 된다. 지쳤다면, 아무 말 없이 혼자 있는 시간을 가지도록 하면 된다.

우리의 기대를 평가하고, 특별한 날이란 예전의 날들을 베껴놓는 게 아니라는 것을 명심하는 것도 좋다. 모든 게 새로우니까.

> 앞으로 올 축제일에, 나에게 특별했던 일들을 계속할 것이다. 나에게 기쁨이 되지 않는 것이라면 어떤 형태라도 포기하겠다.

12 18

내일을 실현하는 데 유일한 장애는 오늘의 의심이다. 강인하고 적극적인 신념을 가지고 전진해야 한다

― 프랭클린 델라노 루즈벨트 (Franklin Delano Roosevelt) ―

　삶에 일어나는 중요한 변화는 희열로, 아니면 불신으로 우리의 넋을 빼놓는다. 요컨대, 모든 변화가 부정적인 것은 아니다. 하지만 변화가 부정적일 때, 지병의 진단이 내려지거나 하루하루 통증에 시달릴 때, 내적인 우리 자신의 밑천을 의심하기 시작할 것이다. 일단 육체적으로 강인해지면, 우리의 영적인 자원을 개척하기 위하여 그 어느 때보다도 더 깊이 천착(穿鑿)해 들어가야 한다.

　오늘 우리에게 의심이 남아 있다면, 그것은 우리가 육체적인 자아 속에 아직도 갇혀 있기 때문일 것이다. 우리는 육체 이상의 그 무엇이며, 우리의 영혼은 우리를 보살피는 신의 양육을 받을 수 있다. 우리의 가치와 중요성은 그런 보살핌에 의해 드러난다. 이것을 알면, 삶과 함께 전진할 수 있다.

> 강인함과 배려의 원천을 찾아서 물질적인 신체를 초월하겠다.

12 19
인생은 그냥 사는 것이 아니라 건강하게 사는 것이다

— 마르샬 (Martial) —

지병을 앓고 있는 이들에게 건강하게 사는 것은 불가능하게 보일지도 모른다. 요컨대, 병들었을 때 건강하게 사는 것은 어려운 것이라고 우리는 변명한다.

오늘날 우리는 정서적이고 영적인 건강을 강조함으로써 육체적인 건강을 초월하는 건강함을 체험하고자 한다. 처음으로 우리는 육체적인 병에도 불구하고 건강함에 대한 권리를 주장할 수 있게 된다.

병은 진행되지만, 고통이나 불편에 끊임없이 시달리지는 않는다. 즐겁게 보낼 시간은 많이 있다. 카드놀이를 하고, 정원을 가꾸고, 산책을 하고, 기도하고, 명상하는 것, 이런 활동은 우리 존재를 육체적으로, 정서적으로, 그리고 영적으로 길들인다.

🍃 병이 아니라, 건강함을 내 삶의 목표로 생각하겠다.

1220
변화는 전통을 변화시키지 않는다. 오히려 그것을 강화한다. 변화는 위협이 아니라, 도전이자 기회이다

— 필립 공 (Prince Philip) —

휴일이나 기념일, 생일이 되면 이렇게 탄식할지도 모른다.
"더 이상 즐겁지가 않아. 그럴 여유도 없고. 그럴 힘도 없어."
혼잣말로 하는 이 말은 정말 진실일까? 친구나 가족 구성원이 너무 야박해서 그저 고기나 구워먹으려고 우리 집에 들르는 것일까? 정말 함께 어울리는 기쁨을 포기해야 하는 것일까?

그런 생각의 의미 없음을 재빨리 인식하고, 이 상황을 극복해야 한다. 변화하고 순응하는 것이다. 사랑하는 이들이 우리 집에 오는 것을 여전히 반길 수 있다. 간단한 음식과 허물없는 분위기 속에서, 우리 친구와 가족 구성원이 무엇을 위해 왔는지 알게 될 것이다. 그들과의 교제를 우리가 여전히 소중하게 여긴다는 확신을 얻는 것이다.

▶ 여느 때와 마찬가지로, 사랑과 우정으로 손님을 대접하겠다.

1221
친근한 길이나 도로, 마을이나 집이 사라진 뒤에 아는 것은 가정의 만족을 다시 아는 것이다

— 할 볼랜드 (Hal Borland) —

우리에게 가정이라는 단어는 온갖 종류의 의미를 담고 있다. 대부분의 사람들에게 가정은 항상 피난처가 되어 왔다. 종일 최악의 상황을 겪었을 때에도 갈 수 있는 곳이다. 가정은 보통 사랑을 의미하지만, 안전과 위로를 의미하는 것도 분명하다.

세월이 흐르면서, 가정은 물리적인 구조와는 별 관계가 없다는 것을 이해한다. 협소한 아파트일 수도 있고 공들여 만든 저택일 수도 있다. 혹은 우리 안에서 느끼는 특별한 위로와 안정감일 수도 있다. 결국, 그것은 우리가 가정과 주변의 사람들에 대해 품는 것이다. 예전에도 늘 그랬듯이, 우리 마음이 머무는 곳이 가정이다.

 나의 가정은 내 삶의 뿌리로 기능하며, 내가 지닌 모든 속성이 가정에도 있음을 깨닫겠다.

1222
한 사람에게 기쁨인 것이 다른 사람에게는 악몽이다. 그것이 오늘의 모습이며, 영원히 계속될 모습이다

― 베르톨트 브레히트 (Bertolt Brecht) ―

삶에서 우리가 하는 행동과 행하는 일에 대해 각자 위로받는 수준은 다르다.

영적이거나 사회적인, 정서적인 경험 속에서 서로 다른 수준의 기쁨을 발견할 수 있다. 개별적인 상황 속에서 우리가 찾고 있던 것, 우리가 찾기를 소원하던 것을 발견할 때도 있다. 가장 중요한 것은 우리 자신의 수준에 맞는 기쁨을 찾고 그 당시 우리가 어디에 있건 간에 우리 소유로 만들 능력이 있다는 사실이다.

 나의 기쁨은 다른 이의 그것과 같지 않을지도 모르지만, 내 기쁨의 의미가 살아 있도록 노력할 것이다.

1223
행운을 기다리는 동안에도 그것을 이끄는 방법을 안다는 것은 대단한 기술이다

— 볼스터 그래시언 (Balstar Gracian) —

조작이라는 단어는 가혹한 단어처럼 들리지만, 외과 의사의 손과 예술가의 붓질, 전기 기사의 기술을 생각해 보라. 그들은 자신들의 물리적인 환경을 교묘하게 조작한다. 그러면서 그들은 창조하고 있다. 약간은 미묘한 방식으로 아니 어쩌면 우리가 하고 있는 것을 의식하기조차 못할지도 모르겠다.

힘든 시절을 거치면서도 긍정적인 목표를 향해 손을 내밀 수 있는 사람들이 있다. 이 사람들은 바로 최상의 삶을 만들 수 있는 것이다. 그들은 자조(自助)라는 정교한 기술을 배운 자들이다. 그들은 자신만의 행운을 창조할 수 있다.

> 카드 한번 잘 꺼낸다고 행운이 찾아오는 것은 아니다. 나의 운을, 나의 관계를, 나의 인생을 개선하기 위해 모든 분야에서 열심히 일하겠다.

1224
앓고 나서야 알았다네, 얼마나 외로운지.

— 유도라 웰티 (Eudora Welty) —

우리 스스로 사람들이 멀어지게 만들었을지도 모른다. 우리가 사랑할 수 있었고, 우리 삶을 풍성하게 만들었을지도 모르는 사람들을 말이다.

첫걸음은 항상 문제가 있다는 것을 인정한다. 그것이 외로움이건, 타인과의 사이가 많이 틀어진 것이건, 영적인 변화가 필요한 것이건, 그것을 인정하고 개선에 필요한 것이면 뭐든지 할 수 있다. 도움이 필요하다면 친구, 나아가 전문가에게 그것을 호소할 수 있다. 결코 늦지 않았기 때문에 이렇게 할 수 있는 것이다.

> 바로 변화에 대한 생각에 겁이 나더라도, 오늘 내 삶을 평가하고, 새롭게 시작하겠다.

1225
극복할 준비가 되어 있다면 무엇이든 환영한다
— 조지 산타와나 (George Santayana) —

문제를 한꺼번에 다 해결해야 하다보면 그 무게에 짓눌릴 때가 있다. 한 번에 문제의 작은 부분에만 집중할 수 있도록 하자. 한 부분과 타협을 이룬 다음에는, 다른 부분에 대처할 수 있다. 스스로 고통을 가장 적절하게 다룰 수 있는 순서를 간추릴 수 있도록 돕는다.

이따금 우리는, 문제를 모두 붙잡고 씨름하기를 고집하다, 우리 자신이 일종의 무감각상태에 빠진다는 생각을 한다. 그러면 우리는 행동할 수 없다. 어쩌면 우리 마음이 최상으로 적용하는 방법을 생각해낼 수도 있을 것이다. 만약 그렇다면, 우리는 상황 전체를 놓아 버리고, 대신 우리가 충분히 다룰 수 있는 작은 부분만 맡으면 된다.

> 오늘, 극복하려고 노력하던 모든 것을 놓겠다. 작지만 한두 가지, 내가 할 수 있는 긍정적인 일을 택하겠다. 그런 다음, 그 일을 하겠다.

1226
결코 삶의 고난으로 인해 혼란스러워해서는 안 된다. 결국 문제를 피할 수 있는 사람은 아무도 없다. 성인도 현자도

— 니치렌 다이쇼넨 (Michiren Daishonen) —

근심 없는 삶, 그건 당연히 모두가 바라는 것이다. 그러나 아무 문제도 없다면 삶이 어떻게 될 것인지는 상상하기조차 어렵다. 이따금 사람들은 이런 말을 한다.

"진작 알았다면 절대로 그러지 않았을 텐데……."

"진작 이해했다면 그랬을 텐데……."

항상 과거의 잘못을 후회하며 살 수는 없으며, 미래에 대해 두려워해서도 안 된다. 생존으로 가는 열쇠는 무작정 버티는 것이 아니라 우리의 유약함을 표현하는 것이다. 금욕주의는 스트레스만 낳을 뿐 아무것도 얻는 것이 없으므로, 고난이 닥칠 때 인정하는 법을 배워가야 한다. 불평하거나 하소연하는 것이 아니다. 그냥 나머지 인류와 연대를 이루는 것이다.

📎 새로운 문제를 마주할 수 있다. 내가 강해서가 아니라, 나의 연약함을 정직하게 인정할 수 있기 때문이다.

1227

노년은
젊음에 비할 바 없는 기회인 것을,
비록 차려입은 드레스만 다를 뿐,
저녁 어스름이 옅어져 가면
하늘에는 별들이, 보이지 않는 낮이
가득하다네

— 헨리 워즈워드 롱펠로우 (Henry Wadsworth Longfellow) —

어린아이였을 때, 우리가 특별히 좋아했던 어른이 있었을 것이다. 그분의 나이에 대해서는 그다지 큰 신경을 쓰지 않았다. 하지만 갓 어른이 되면서부터, 우리는 늙어가는 것을 두려워했는지도 모른다. 어떤 이유에서인지 겉으로 드러나는 노화의 표시를 종말의 시작으로 여겼던 것 같다. 좀 더 현명하고 성숙해지면서, 다시 한 번 어른들을 공경하게 된다. 그분들의 지혜와 사랑, 그분들의 기술, 특히 그분들이 즐기는 삶의 기쁨 때문에 말이다. 우리는 대개 닮고 싶어 하는 특별한 사람 한두 명을 마음에 두고 있다. 그때 우리는 그런 모습을 갖추기 위해 최고의 노력을 기울인다.

> 나는 나이와 함께 생기는 삶의 지혜와 기쁨을 고대한다. 더 이상 두렵지 않다.

1228
슬픔은 시간의 날개를 달고 날아가 버리네

— 장 드 라 퐁테느 (Jean De La Fontaine) —

슬픔에 빠졌을 때는, 시간이 우리의 상처를 모두 낫게 할 것이라는 사실을 믿기 어렵다. 의사는 그것을 TOT(시간의 기미-Tincture of Time) 처방이라고 부르기도 했다.

슬픔은 생활양식이나 기후의 변화에서 기인하기도 한다. 사랑하는 사람, 좋았던 건강, 심지어 소중한 물건을 잃어버린 것에서 기인하기도 한다. 그리고 우리의 탄식은 시간이 걸린다.

슬픔의 원인이 무엇이든, 혼자 있기로 스스로 마음먹은 시기가 지나고 나면, 우리는 다시 한 번 세상 속으로 들어가기 위해 모험을 감행한다. 아주 느리긴 하지만, 정상적인 생활양식으로 애써 돌아간다. TOT가 다시 한 번 임무를 완수했다. 웃음이 모습을 드러내며, 우리와 슬픔 사이에 시간과 공간을 너무 많이 두었다는 것을 알아차린다. 우리는 다시 온전해진다.

> 슬픔의 시간은 그것의 뒤를 따라 재발견되는 기쁨과 마찬가지로 자연스러운 것임을 인식할 것이다.

1229
온당한 사람의 기능은 사는 것이지, 존재하는 것이 아니다. 일상을 지루하게 끌려고 애쓰며 보내지 않겠다

— 잭 런던 (Jack London) —

삶의 자극은 날이 갈수록 줄어든다.

애정 어린, 배려 깊은 사람들에 둘러싸이는 것은 우울함에서 벗어날 중대한 기회를 준다. 또한 자신을 자상하게 대하는 것은 우리의 전망을 개선시킬 수 있다. 타인과 자신에게 애정 어린 관심을 보일 때, 다시 한 번 인생의 주류 속으로 돌아갈 것이다. 다시 한 번 우리 앞에 놓인 여정이 주는 흥분과 기쁨으로 가득 찰 것이다.

> 하루하루 주어지는 자극을 느끼는 것은 당연하다. 오늘은 삶을 음미하겠다.

12 30
용서는 가장 고귀하고, 아름다운 형태의 사랑이다. 그 보답으로, 말로 표현할 수 없는 평화와 행복을 얻을 것이다

— 로버트 물러 (Robert Muller) —

병을 극복하려고 노력하고 있을 때, 우리의 병을 이해해 주기를 바라는 사람들에게 무시당했다는 느낌이 들 때면 특히, 더욱 쉽게 감정의 상처를 입을지도 모른다. 처음에는 상처를 입기도 하지만, 어떤 때는 스스로가 딱해지기도 한다.

하지만 유감을 품는 것이 무익하다는 것을 알게 되는 시기가 온다. 누가 옳고 그른지 알고 따져야 할 필요는 더 이상 없다. 우리는 병에 대처하는 법을 배우면서, 정서적으로 더욱 강인해졌다. 분노를 버리고 용서할 만큼 강인해지는 것이다. 용서를 할수록, 우리는 더욱 차분하고 평온해지며, 결국 내면의 평화와 신뢰를 보상으로 받을 것이다.

🕊 **나는 과거의 상처를 버릴 수 있다. 오해로 인한 틈을 메울 수 있다.**

12 31

다른 사람의 삶을 사느라
한정된 시간을 낭비하지 마라
중요한 것은 당신의 마음과
직관을 따르는 용기를 내는 것
이미 마음과 직관은
당신이 하고자 하는 바를 알고 있다

— 스티브 잡스 (Steve Jobs) —

주변에서 온통 "새해 복 많이 받으세요."라는 함성이 들리고, 사람들은 새해에 대한 기대로 넘쳐나며, 신년이 마치 어제의 연장이 아닌, 과거와 단절된 새로운 날의 시작이라도 되는 것처럼 생각한다.

만성적인 고통이나 지병을 짊어지고 있는 사람들은 훨씬 더 많은 것을 요구 한다. 장애물이 크고 많을수록 견뎌낼 수있는 용기를 잃게 되고 우리 일상은 짓눌리게 된다. 그러나 고통이나 외로움을 긍정적으로 바꿀 수 있는 힘은 우리 안에 있다. 우리가 타인을 위해 일할 때 그 용기는 힘과 빛을 발한다.

> 요즘은 새해가 되어도 옛날 만큼 감회나 기대가 느껴지지 않는다. 하지만 긍정적인 생각과 남을 도울 수 있는 방법에 대해 생각할 것이다. 나의 목표는 매일 적어도 한 사람에게 손을 내미는 것이다.

Finding the Joy in Today

세프라 코브린 피첼 지음
미국 미네소타 주의 세인트 폴에 거주하며 마음의 병을 치유하는 저술가이다.
한때 병을 얻은 후 고통을 받아오던 그녀는 삶의 변화에 대처하는 방법을 터득함으로써
새로운 인생을 살 수 있다고 회고하면서, 마음을 놓는 순간 병은 깊어지며,
마음을 열 때 모든 병이 치유된다고 하였다.
그녀는 건강 문제로 치료를 받고 있는 사람들을 돕기 위해 강연과 저술에 힘쓰고 있다.
저서로는 〈우리는 외롭지 않습니다〉 〈지병을 안고 사는 법〉 등 6권의 책이 있다.

하루를 살더라도 내 인생을 살아라

2011년 12월 30일 1판 1쇄 인쇄
2012년 7월 30일 1판 2쇄 발행

펴낸곳 | 동해출판
펴낸이 | 하중해
지은이 | 세프라 코브린
옮긴이 | 김은정
마케팅 | 홍의식
기 획 | 하명호
디자인 | 페이퍼 마임
주 소 | 경기도 고양시 일산동구 장항1동 621-32호 (410-380)
전화 | (031)906-3426
팩스 | (031)906-3427
e-Mail | dhbooks96@hanmail.net
출판등록 제302-2006-48호
ISBN 978-89-7080-205-3 (03840)
값 13,000원

*값은 뒷표지에 있습니다.
*잘못 만들어진 책은 구입하신 서점에서 바꿔 드립니다.